TRENOS

Letras Universales

JAN KOCHANOWSKI

Trenos

Edición bilingüe de Fernando Presa González

Traducción de Fernando Presa González

CÁTEDRA
LETRAS UNIVERSALES

Título original de la obra:
Treny

1.ª edición, 2024

Diseño de cubierta: Diego Lara

Ilustración de cubierta: Jan Matejko (1838-1893),
Jan Kochanowski junto al cadáver de su hija Úrsula (1862)

PAPEL DE FIBRA CERTIFICADA

Valentín Beato, 21. 28037 Madrid
Depósito legal: M. 10.607-2024
ISBN: 978-84-376-4797-5
Printed in Spain

INTRODUCCIÓN

A menudo el sepulcro encierra, sin saberlo,
dos corazones en un mismo ataúd.

Alphonse de Lamartine

Jan Kochanowski, de Jan Matejko (1838-1893).

El cenit del esplendor de la literatura polaca está asociado tradicionalmente con la obra de sus figuras capitales del Romanticismo: Adam Mickiewicz, Juliusz Słowacki, Zygmunt Krasiński y Cyprian Kamil Norwid. Sin embargo, tres siglos antes, Jan Kochanowski había elevado ya la lengua polaca al más alto nivel literario en un ámbito, el eslavo, juzgado comúnmente poco relevante hasta el siglo XIX en comparación con otras culturas europeas. Verdadero humanista y hombre del Renacimiento, Jan Kochanowski despliega en su obra una abrumadora erudición filológica, filosófica e histórica, así como un conocimiento exhaustivo de las culturas y lenguas griega y latina, las cuales estudió con verdadera pasión. De toda su creación, los *Trenos (Treny)* son, sin duda, la expresión más sublime que podemos encontrar en la lírica polaca —y eslava— hasta la aparición de la obra de los románticos decimonónicos. Desde su edición en 1580 hasta la publicación de los *Sonetos de Crimea (Sonety krymskie)* de Adam Mickiewicz[1] en 1826, no encontramos otra voz ni otra sensibilidad que pueda equipararse al ingenio, la delicadeza expresiva y la maestría compositiva de Jan Kochanowski.

[1] *Conf.* Fernando Presa González, *Poesía polaca del Romanticismo. Adam Mickiewicz, Juliusz Słowacki, Zygmunt Krasiński, Cyprian Kamil Norwid* (edición bilingüe), Madrid, Ediciones Cátedra, Letras Universales, 481, 2014.

La evocación de su pequeña hija Úrsula[2], muerta con solo dos años y medio, habiendo dado apenas los primeros pasos en el preludio de la vida, hace que se tambaleen la doctrina moral y la convicción religiosa del poeta, sustentadas en su docta sabiduría y todas sus creencias humanísticas. La intensa expresión de dolor de un padre, para el que no existe consuelo, hace que en estos *Trenos* transitemos, escalonadamente, de un desesperado grito inicial de rebelión contra el destino y la voluntad divina a un sentimiento estoico de aprobación del sufrimiento como algo consustancial a la naturaleza humana, para llegar, finalmente, a la conformidad alentada por la esperanza y resignación cristianas, las cuales mueven a Kochanowski a la aceptación del infortunio y le procuran consuelo espiritual. Traducidos a numerosos idiomas, los *Trenos* contagian al lector su conmovedora humanidad y le hacen reflexionar acerca del transcendental sentido de la existencia, algo que solo alcanzan las grandes obras concebidas para la inmortalidad.

Los orígenes de la literatura polaca

El bautismo de Polonia

Polonia se incorporó de manera temprana a la cristiandad tras la decisión de Miecislao I *(pol.* Mieszko), primer gobernante histórico de Polonia, de formar una alianza con Bohemia en el año 965 y, para reforzar dicha coalición, contraer matrimonio en el 966 con la princesa Dobrava, para lo que tuvo que aceptar su conversión al cristianismo.

---

[2] En polaco *Urszula*. En el texto original aparece a menudo la forma diminutiva *Urszulka*.

Este hecho supuso una crucial actuación política que consolidó el fortalecimiento de Polonia en Europa, conllevó el establecimiento de amplias relaciones internacionales y afianzó el apoyo de otros países en la organización del nuevo Estado polaco[3]. Pero este bautismo de Polonia y su unidad territorial no tuvo solo repercusión en la esfera política, sino que también supuso una conquista cultural e ideológica extraordinaria derivada del hecho de que el cristianismo introdujo su doctrina y su lengua, el latín, lengua culta propia de la religión, la diplomacia y la Corte, lo que resultará determinante en el posterior desarrollo del idioma polaco.

La religión cristiana y su visión teocéntrica del universo convirtieron a la Escolástica, inspirada y fundada en las

---

[3] El legendario origen del Estado polaco es narrado por el cronista del siglo XII Gallus Anonimus (el Anónimo Galo) en su *Crónica y gestas de los caudillos o príncipes de los polacos (Cronica et gesta ducum sive principum Polonorum).* También Jan Długosz en sus *Anales o Crónicas del ínclito Reino de Polonia (Annales seu Cronicae incliti Regni Poloniae),* del siglo XV, y Marcin Kromer en su obra *Treinta libros sobre el origen y gestas de los polacos (De origine et rebus gestis Polonorum libri XXX),* del siglo XVI, se refieren a la legendaria historia paleopolaca. La leyenda cuenta que entre los siglos VI y IX se asentó en los territorios entre los ríos Odra, Varta y Vístula la tribu eslava de los polanos, que ejerció su dominio en esta región, más tarde llamada Gran Polonia *(pol.* Wielkopolska). Muerto el caudillo polano Lech, le sucedió Popiel I en el año 815, quien congregó a todas las demás tribus que poblaban aquel territorio. A su muerte, cinco años después del inicio de su caudillaje, le sucedió Popiel II, cuya pésima gestión y administración solo fue superada por su extrema crueldad con súbditos y enemigos. Un día dos extraños se presentaron en el castillo de Popiel II y le rogaron asilo para pasar la noche, porque había una terrible tormenta. Pero él les negó la entrada, así que se resignaron a esperar la llegada del nuevo día a la intemperie. Sucedió entonces que un carretero llamado Piast, que había presenciado el suceso y que estaba celebrando la ceremonia de la tonsura de su hijo Ziemowit (mediante esta ceremonia los hijos varones, al cumplir la edad de siete años, dejaban de estar al cuidado de su madre y quedaban bajo la autoridad plena del padre), les ofreció un lugar en su humilde casa, porque este polaco, aunque

enseñanzas de Aristóteles, en la doctrina filosófica sobre la que se configuraría el incipiente Estado polaco. San Agustín, santo Tomás y san Anselmo serán las máximas autoridades en materia filosófica; y el dualismo determinará la visión del mundo en todos los órdenes, también en la incipiente creación literaria: Dios frente a Satanás, el cielo frente al infierno, el alma frente al cuerpo, el ángel frente al demonio. El ideal humano que se impondrá funde en un mismo modelo las figuras del caballero y del asceta. El primero, el caballero, es un guerrero valeroso y viril, fiel a su rey y la Iglesia, que vela por la defensa del honor como virtud suprema. El segundo, el asceta, renuncia a los placeres y satisfacciones terrenales para alcanzar la vida eterna después de la muerte por medio de la perfección moral y espiritual. Este talante humano conduce a un modelo de creador cuya peculiaridad principal será el anonimato, pues el valor de la obra lo determinará la utilidad didáctica y el servicio que esta presta al hombre, no a su autor.

---

pobre, era valeroso y caritativo. La leyenda dice que aquellos dos extraños eran dos ángeles con poderes sobrenaturales y que cuanto más comían y bebían Piast y sus invitados, más viandas y licores había en las fuentes y vasijas. Desde aquel día todo cambió para Piast. De un humilde campesino pasó a ser un hombre rico cuyos graneros y bodegas siempre estaban bien abastecidos, sin que para ello realizara esfuerzo alguno. Popiel, envidioso de la fortuna de Piast, invitó a sus doce tíos a un banquete con el propósito de acabar con sus vidas envenenándolos y apropiarse de sus riquezas. Y así fue, pero ocurrió que de los cadáveres empezaron a salir centenares de ratones que comenzaron a perseguir a Popiel. Este huyó a una torre que poseía en un islote del lago llamado Gopło, pero los roedores cruzaron las aguas a nado y alcanzaron a Popiel en la Torre de los Ratones *(pol.* Mysia Wieża), donde le dieron muerte devorándolo. Y el pueblo polaco, agradecido a Piast, lo aclamó como su rey y lo elevó al trono. Años más tarde, uno de sus descendientes llamado Mieszko salió de la leyenda y se convirtió en el primer gobernante histórico de Polonia, Miecislao I *(pol.* Mieszko I), y como tal ha pasado a formar parte de la historia oficial.

La transición literaria del latín al polaco

Entre los siglos X y XV, la lengua polaca y el latín conviven y compiten por la ocupación de las esferas cultas de la sociedad. Junto a hagiografías[4] y crónicas[5] neolatinas, surgen los primeros testimonios escritos en polaco. Los documentos más antiguos que se conservan son una serie de patronímicos y topónimos que aparecen en fuentes latinas. Uno de ellos es el llamado *Geógrafo de Baviera (Geographus Bavarus),* manuscrito anónimo del siglo IX atribuido a algún monje de Ratisbona y en el que se citan nombres de diversas tribus polacas. También el documento conocido como *Dagome iudex*[6], redactado hacia el año 990, del que

---

[4] Entre las vidas de santos de la época cabe mencionar la *Vida primera de san Adalberto, obispo de Praga y mártir (Sancti Adalberti Pragensis episcopi et martyris vita prior),* escrita hacia el año 998, la *Vida de san Estanislao (Vita Sancti Stanislai),* del siglo XIII, obra de Wincenty de Kielcza, una *Vida de santa Eduvigis duquesa de Silesia (Vita Sanctae Hedvigis ducissae Silesiae),* también del siglo XIII, y una *Vida y milagros de santa Cunegunda (Vita et miracula Sanctae Kyngae),* escrita en el siglo XIV.

[5] Las crónicas de estos siglos tienen un incalculable valor histórico y literario, destacando sobre todo la citada *Crónica* de Gallus Anonimus, la *Crónica de los polacos u origen de los reyes y príncipes de Polonia (Chronicon Polonorum sive originale regum et principium Poloniae)* de Wincenty Kadłubek, la *Crónica de la Gran Polonia (Kronika Wielkopolska)* de dudosa autoría, la *Crónica de los Polacos (Chronicon Polonorum)* de Janko de Czarnków, los mencionados *Anales* de Jan Długosz y, finalmente, el *Monumento para la organización de la República (Monumentum pro Reipublicae ordinatione)* de Jan Ostroróg.

[6] Según apunta Teresa Michałowska *(Średniowiecze,* Państwowe Wydawnictwo Naukowe, Varsovia, 1997, pág. 64), el nombre *Dagome* provendría de la fusión de *Dagoberto* —hipotéticamente el nombre cristiano utilizado por Miecislao I para su bautismo— y su nombre polaco, Mieszko, latinizado como *Mesco.* De la fusión de ambos, *Dago*[berto] + *Me*[sco], resultaría el enigmático nombre *Dagome.* Por su parte, el término latino *iudex (juez)* podría tener aquí un significado más amplio y de-

solo se conservan copias de los siglos XI y XII, mediante el cual Miecislao I deja su Estado al cuidado del papa Juan XV[7]. Memorable es también la *Crónica del obispo Tietmaro de Merseburgo (Thietmari Merseburgensis episcopi Chronicon)*, en la que se describen las guerras germano-polacas de los años 1000, 1010 y 1015. Y también la bula *Ex commisso nobis a Deo*[8] o *Bula de Gniezno (Bulla gnieźnieńska)*, en la que se recogen 410 palabras polacas, todas ellas patronímicos y topónimos escritos con caracteres latinos, y que tiene un valor filológico inmenso por tratarse del principal documento utilizado para la reconstrucción de la antigua ortografía polaca, creada a partir del alfabeto latino.

La llegada del siglo XIII supone que se encuentren, cada vez con más frecuencia, nombres polacos en los libros de monasterios, cancillerías, etc. Entre ellos tiene especial importancia el llamado *Libro de Henryków (Księga henrykowska)*, del año 1270, en el cual aparece la primera frase completa escrita en polaco y que dice: «day, ut ia pobrusa, a ti poziwai» («dame, que yo moleré, tú descansa»). Cuenta esta crónica la historia del monasterio cisterciense existente en la localidad de Henryków y la vida de los lugareños que trabajaban al servicio de los monjes. Precisamente, alguna circunstancia en sus quehaceres fue la que pudo dar lugar a que uno de los monjes, habiendo escuchado esta frase pro-

---

signaría a una gran dignidad o un alto poder, como sería el caso del primer príncipe de Polonia, Miecislao I o Dagome.

7 De la relevancia de Miecislao I y de su poder en la región hay un testimonio excepcional en la relación que de sus viajes por Europa hizo en el año 965 el mercader judeoespañol Ibrahim Ibn Jacob, un emisario y comerciante del califa de Córdoba que recorrió las tierras eslavas y que dejó testimonio escrito de sus andanzas. Aunque los textos originales se perdieron, se han conservado copias de sus escritos en compilaciones manuscritas hechas por autores árabes: Al-Bekri (del siglo XI), Al-Qazwini e Ibn Saida (del siglo XIII) y Al-Himjari (del XV).

8 Fue promulgada por el papa Inocencio II en el año 1136 para revocar la autoridad del arzobispo de Magdeburgo sobre la Iglesia polaca.

nunciada en polaco por uno de los sirvientes, la escribiera con grafías latinas[9].

Las primeras manifestaciones escritas en prosa polaca provienen de los predicadores de los siglos XIII y XIV, quienes utilizaban el polaco en sus sermones ya que sus congregaciones desconocían la lengua latina. Estos oradores solían reorganizar nuevas compilaciones de sermones latinos a partir de las colecciones existentes, pero con frecuencia, al elaborar estos textos, hacían traducciones parciales al polaco, o bien añadían anotaciones o glosas en esta lengua. El tiempo solo ha permitido que dos de esas compilaciones polacas se hayan conservado: los *Sermones de Santa Cruz (Kazania świętokrzyskie)* y los *Sermones de Gniezno (Kazania gnieźnieńskie)*.

El texto poético más antiguo conservado en lengua polaca es el himno religioso *Madre de Dios (Bogurodzica)*. Sobre la fecha de su composición existen diferentes opiniones que lo sitúan entre los siglos XIII y XIV. De las crónicas medievales se deduce que este canto actuó como *carmen patrium* durante muchos años ya que, según cuenta Jan Długosz (1415-1480) en sus *Anales o Crónicas del ínclito Reino de Polonia (Annales seu Cronicae incliti Regni Poloniae),* era habitualmente entonado por los guerreros polacos antes de entrar en combate, y también en las coronaciones de los reyes de la dinastía de los Jagellones y otros actos solemnes de la Corte.

El siglo XV supone un gran avance para la lengua y la cultura polacas, entre otras razones por la gran importancia que adquiere la Universidad de Cracovia, fundada en 1364 por Casimiro III el Grande (1310-1370) como *Studium*

[9] El gran filólogo Zenon Klemensiewicz, autor de la monumental obra *Historia de la lengua polaca (Historia języka polskiego,* Państwowe Wydawnictwo Naukowe, Varsovia, 1961), así como otros relevantes polonistas, atribuyen esta frase a un molinero, quien la pudo dirigir a su esposa al verla extenuada por la dureza de las labores de molienda.

Generale o *Akademia Krakowska.* Sin embargo, será en el año 1400 cuando se convierte en auténtica universidad con el establecimiento de los estudios de Arte, Teología, Leyes y Medicina. La gran artífice de esta transformación fue la reina Eduvigis (Jadwiga), esposa de Ladislao II Jagellón, quien donó sus joyas a esta institución docente para contribuir a su renovación y sostenimiento, y en cuyo honor fue bautizada con el nombre de la dinastía como Universidad Jagellona *(pol.* Uniwersytet Jagielloński). En ella enseñaron insignes profesores como el teólogo Mateusz de Cracovia, autor de *Catálogo de las obras divinas (Rationale operum divinorum),* el astrónomo Wojciech de Brzudzew, el humanista y doctor en medicina Jan de Ludzisko, el jurista Stanisław de Skarbimierz, primer rector de esta universidad y autor de la obra *Sobre las guerras justas (De bellis iustis),* en la que justifica el derecho de las naciones a defender sus fronteras e independencia política al tiempo que condena la agresión, definida por él como la guerra injusta. La postura y visión más renovadora la aportó Paweł Włodkowic, también rector de la universidad cracoviana, que en su tratado *Del poder del papa y el emperador respecto de los infieles (De potestate papae et imperatoris respectu infidelium),* presentado en el Concilio de Constanza (1414-1418), rechazó la idea de la legitimidad de papas y reyes a imponer la religión por la fuerza a los no creyentes y confiscarles sus bienes.

En relación con la lengua polaca, en la Universidad Jagellona de Cracovia tendrá lugar durante los siglos XV y XVI un proceso de normalización lingüística llevada a cabo por insignes gramáticos como el rector Jakub Parkoszowicz, que hacia 1440, siguiendo el modelo del bohemio Jan Hus[10] y su obra filológica *Sobre la ortografía bohémica (De*

[10] Jan Hus o Juan de Hus (1373-1415) fue un teólogo y filósofo bohemio, rector de la Universidad de Praga y precursor de la Reforma protestante. Denunció la corrupción del clero y se opuso a la estructura je-

La reina Eduvigis *(pol.* Jadwiga),
de Marcello Bacciarelli (1731-1818).

ortographia bohemica) (1406), redacta el primer *Tratado de ortografía polaca (Traktat o ortografii polskiej)* y elabora grafías para representar, con caracteres latinos, los sonidos de la lengua polaca inexistentes en latín. Aunque su intento de regularización lingüística no tuvo transcendencia, ya que fueron muchos los que la rechazaron, sí influyó en la conciencia de sus contemporáneos sobre esta necesidad, lo que se iba a hacer patente a partir de 1475, cuando en Wrocław aparece la primera imprenta dedicada a la impresión de devocionarios y oraciones cotidianas. Años más tarde, en 1514, el impresor Florian Ungler (m. 1536) editó en Cracovia una *Ortografía o forma de escribir y leer correctamente el idioma polaco (Ortographia seu modus recte scribendi et legendi polonicum idioma)*, preparada por el gramático Stanisław Zaborowski (m. *c.* 1529), y en 1551 Stanisław Murzynowski (1528-1553) sacó a la luz la primera traducción completa al polaco del Nuevo Testamento, a la que anexó un tratado titulado *Ortografía polaca o Enseñanza de la escritura y la lectura de la lengua polaca (Ortografia polska, to jest Nauka pisania i czytania języka polskiego)*. En 1594, Jan Januszowski[11] (1550-1613) publicó *El nuevo carácter polaco de la Imprenta de Lázaro y Ortografía polaca de Jan Kochanowski, Łukasz Górnicki [...] (Nowy karakter polski z Drukarnie Lazarzowey y Ortographia polska Iana Kochanowskiego, Lukasza Górnickiego, [...])*.

A pesar del interés académico por el desarrollo de la lengua polaca, la prosa continuará estando dominada, durante este siglo XV, por el uso del latín, cuyo mayor nivel se alcan-

---

rárquica de la Iglesia con el papa a la cabeza. Partidario del uso de la lengua propia y no del latín, tradujo las Sagradas Escrituras al checo, motivo por el que, entre otros, fue juzgado y condenado a morir en la hoguera. Su ejecución dio lugar a una sublevación en Bohemia y a la guerra religiosa de los husitas.

[11] Hijo del famoso impresor Łazarz Andrysowicz (m. ± 1577), fundador de la célebre Imprenta de Lázaro *(pol.* Drukarnia Łazarzowa, *lat.* Officina Lazari).

za en las crónicas de Jan Długosz (1415-1480) y Jan Ostroróg (1436-1501). El primero, Długosz, es autor de la magna obra *Anales o Crónicas del ínclito Reino de Polonia,* doce libros escritos entre 1455 y 1480 que abarcan la historia de Polonia desde sus orígenes hasta 1480, último año de vida del autor. Convencido de que la historia es una sabiduría basada en hechos, reúne una ingente cantidad de fuentes y documentos que ordena cronológicamente, si bien no rechaza de lleno los elementos fantásticos y recoge diversas fábulas, entre ellas las relativas al legendario origen de Polonia[12]. Este hecho demuestra que no solo pretendía exponer verdades históricas, sino que trató de dar forma literaria a su obra con una prosa latina de estilo elegante, libre de barbarismos y de bella plasticidad descriptiva.

El segundo prosista latino, Ostroróg, dejó un legado histórico y literario excepcional titulado *Monumento para la organización de la República (Monumentum pro Reipublicae ordinatione),* obra escrita a finales del siglo XV en la que exhorta a los políticos para que en su acción procuren el bien público y practiquen actos de amor a la patria. También escribe acerca de la necesidad de defender la lengua polaca, llegando a manifestarse contrario a la predicación y los sermones en otras lenguas en las iglesias polacas.

Las escasas muestras de textos en lengua polaca en la prosa de los siglos XIV y XV están vinculadas a literatura de carácter religioso. Es el caso del *Salterio de la reina Eduvigis (Psałterz Królowej Jadwigi),* de finales del siglo XIV, que contiene ciento cincuenta salmos de David traducidos al polaco, y el *Salterio de Puławy (Psałterz puławski),* del siglo XV, libro de oraciones en el que a la traducción al polaco de cada salmo acompaña un comentario didáctico. De gran importancia es también la *Biblia de la Reina Sofía (Biblia Królowej Zofii),* de mediados del siglo XV, así llamada por

[12] Véase la nota 3.

haber sido la reina Sofía, última esposa de Ladislao II Jagellón, su promotora.

En estas décadas tienen también gran importancia en el uso y desarrollo de la lengua polaca los llamados apócrifos, es decir, textos narrativos de temas sagrados, generalmente relacionados con la Biblia, pero no reconocidos como auténticos por la Iglesia. El más importante de los conservados es el llamado *Meditación sobre la vida de Jesús (Rozmyślanie o żywocie Pana Jezusa)*, redactado en la segunda mitad del siglo xv y que se estructura en dos partes: en la primera se narra la vida de soltera de la Virgen y la infancia de Jesús; la segunda parte contiene la pasión de Cristo según los textos de los evangelistas. Junto a este, destacan otros tres importantes apócrifos procedentes del *Códice de Wawrzyniec de Łasko (Kodeks Wawrzyńca z Łaska)* (1544), los titulados *Historia de los Reyes Magos (Historia Trzech Króli), Bella Historia sobre la Pasión de Cristo (Sprawa Chędoga o Męce Pana Chrystusowej)* y *Evangelio de Nicodemo (Ewangelia Nikodema)*.

Durante este siglo xv, el género en el que mayormente la lengua polaca se irá abriendo camino es la poesía, particularmente la religiosa. Son frecuentes los villancicos, los cantos de tema mariano y los relativos a la pasión de Cristo, si bien en muchos casos se trata de traducciones del latín elaboradas con evidente afán literario, como es el caso de las *Horas canónicas sobre la Pasión del Señor (Godzinki o Męce Pańskiej)*, versión polaca del texto latino *Horas canónicas del Salvador (Horae canonicae Salvatoris)*. Memorable es también el *Salterio de Jesús (Żołtarz Jezusów)* o *Quince reflexiones sobre la Pasión Divina (Piętnaście Rozmyślań o Bożym Umęczeniu)*, obra original de Ładysław de Gielniowo, monje del Convento de los Bernardinos de Varsovia. Se trata de un texto poético sobre la pasión de Cristo compuesto de quince estrofas de cuatro versos tridecasílabos pareados.

Los textos en polaco conservados de esta época, religiosos y laicos, aunque escasos, muestran la evolución de la conciencia lingüística que los creadores empiezan a tener en el uso de la lengua polaca para sus composiciones, y así lo demuestran en algunas de las obras más bellas de la época, como son los *Lamentos de la Madre de Dios bajo la Cruz (Żale Matki Boskiej pod Krzyżem)*, la *Leyenda de san Alejo (Legenda o Świętym Aleksym)* y el *Diálogo del maestro Policarpo con la Muerte (Rozmowa mistrza Polikarpa ze Śmiercią)*[13].

La época de Jan Kochanowski. El Renacimiento y el Humanismo en Polonia

Cultura, pensamiento, ciencia y religión

La caída de Constantinopla en 1453 y las generalizadas persecuciones y matanzas llevadas a cabo por los turcos otomanos en el Imperio bizantino dieron lugar a un éxodo masivo de los habitantes del Imperio romano de Oriente hacia Europa Central y Occidental. Entre aquella población que huía se hallaba un excepcional núcleo de estudiosos y científicos comúnmente conocidos como los sabios del Imperio bizantino, los cuales recalaron, mayoritariamente, en Italia. Ello supuso un extraordinario enriquecimiento de la cultura europea ya que muchos de los trabajos y estudios de aquellos eruditos, especialmente sobre las culturas oriental, griega y latina, se difundieron rápidamente en toda Europa, propiciando en las capas más cultas de la sociedad europea de la época una verdadera pasión por la Antigüedad clásica, el estudio de su literatura y pensamiento, y una corriente de creación artística y literaria cuya máxima ambición era la perfecta imitación de los modelos grecolatinos. Aunque cabe señalar un temprano fondo humanista en

[13] *Conf.* Fernando Presa González, *Antología de la poesía polaca desde sus orígenes hasta la primera guerra mundial,* Madrid, Editorial Gredos, Biblioteca Universal, 41, 2006, págs. 42-52.

la *Divina Comedia* de Dante Alighieri (1265-1321), será Francesco Petrarca (1304-1374) quien podría ser considerado el primer humanista europeo ya que en él concurren la absoluta admiración por el mundo clásico, el conocimiento filológico y el afán científico que lo lleva a la búsqueda y estudio de manuscritos grecolatinos. Junto a él, no menos relevante es Giovanni Boccaccio (1313-1375), el gran creador de la prosa artística italiana con su *Decamerón*. Sin embargo, y aunque estas primeras muestras humanistas se dieran a finales de la Edad Media en Italia, no va a ser hasta mediados del siglo XV cuando esta corriente se extienda y penetre con fuerza en Europa, desarrollándose plenamente ya a lo largo del siglo XVI.

En la segunda mitad del siglo XV, la cultura de la Antigüedad se afianza como modelo de independencia espiritual, sobre todo como liberación del teocentrismo medieval y los dogmas de la Iglesia. El hombre desea reafirmar su carácter individual, para lo que persigue el bienestar y la fama. Para conquistar ambas, practica la moderación, procura la tranquilidad y elogia la sencillez. Sabe que a la euforia del placer sigue la desesperación del sufrimiento, por lo que el hombre busca la armonía consigo mismo, con los demás y con la naturaleza. La máxima de Terencio, «soy un hombre; nada humano me es ajeno»[14], se convierte en un modelo de conducta para el hombre de la época y el culto a la belleza domina en las Bellas Artes, de lo que dan buena prueba Leonardo da Vinci, Botticelli, Rafael, Ticiano, Veronés, Tintoretto, El Greco y El Bosco.

Entre los años 1492 y 1522 se vivieron en el Viejo Continente exploraciones geográficas que marcaron el desarrollo de la historia. Los descubrimientos de América por Cristóbal Colón en 1492 y de una ruta marítima a la India por

[14] «Homo sum; humani nihil a me alienum puto», frase pronunciada por el personaje Cremes en la comedia del año 163 a.C. titulada *El heautontimorúmeno* o *El verdugo de sí mismo*.

Vasco de Gama, así como la primera vuelta al mundo dada por el navegante Juan Sebastián Elcano en 1522 —quien había embarcado en la expedición de Magallanes de 1519 en busca de una ruta a la India por occidente— supusieron para el hombre de la época una profunda transformación espiritual y filosófica, que veía cómo se agrandaba el mundo ante sus ojos, cómo surgían nuevas culturas, cómo se abrían nuevas posibilidades de comercio y desarrollo. El hombre recupera la confianza en sí mismo, en su poder y en sus propias posibilidades. La cultura teocéntrica de los siglos anteriores, que había situado al hombre en un mundo transcendente que gira en torno a la idea de Dios y para el que la vida terrenal no era más que una estación de paso hacia la vida eterna, deja paso al antropocentrismo. El hombre, consciente de sus capacidades y no solo de sus limitaciones, renace. Más allá de la fe, indaga en el conocimiento de la naturaleza y del mundo que habita valiéndose de la razón, directriz principal de su pensamiento y conducta. La consecuencia es, por un lado, un sentimiento pagano de la existencia; por otro, una divinización de la naturaleza, que pasa a convertirse en el principal objeto de estudio. El nuevo hombre quiere y necesita conocer su entorno, el mundo que habita y las leyes naturales que lo gobiernan. El mundo clásico y de la Antigüedad adquiere ahora su máxima dimensión. La cultura grecolatina, traducida a las lenguas vernáculas y publicada en las imprentas, deja de ser patrimonio de las minorías eruditas. Platón, Virgilio, Cicerón, Horacio, Ovidio, Séneca se alzan como modelos no solo literarios, sino también filosóficos. Es el triunfo del estoicismo, que propugnaba la resignación consciente ante el dolor y la adversidad a partir de la exaltación de la dignidad humana y una vida forjada según las leyes de la naturaleza; y también del neoplatonismo, que aportó, sobre todo, su teoría de la belleza. La belleza externa (el paisaje, el arte, la mujer, etc.) es reflejo de la belleza espiritual y, en consecuencia, también de la belleza divina.

El hombre mantiene una actitud positiva ante la vida, siente la alegría de vivir, se sabe capaz del ejercicio de la inteligencia y la razón, por lo que rechaza la especulación metafísica. La plenitud que el hombre siente por sí mismo hace que se reduzca su interés por lo ajeno y por lo transcendental. Llegamos así al concepto clave que define la época: el Humanismo. Basado en el ideal de que la educación debe aunar la armonía entre las habilidades y las posibilidades creativas del individuo, las raíces de la época llegan hasta las culturas de la Antigüedad, cuyos valores reinterpretan los humanistas y les conceden nuevas dimensiones, actualizándolas y entroncándolas con la época para dar lugar al fenómeno cultural denominado Renacimiento[15], el cual define este periodo de los siglos XV y XVI. El estudio es el fundamento del nuevo hombre renacentista que, desde su perspectiva, revitaliza las obras de Platón como teórico del arte, de Aristóteles como autoridad en el campo de la literatura y de Cicerón como modelo de erudición y comportamiento ético. El pensamiento renacentista es, pues, de carácter sincrético. Amalgama elementos de distintas corrientes filosóficas con ideas de la religión cristiana. El hombre, convertido ahora en centro de la filosofía, es también el punto alrededor del cual giran los estudios metafísicos. Desde la perspectiva humana se estudia también la naturaleza, cuyo orden perfecto constituye una garantía del orden ético y moral del mundo humano.

También la Iglesia, que arrastraba desde finales de la Edad Media una importante crisis, sufrió los efectos de las nuevas corrientes intelectuales. Una de las figuras críticas

---

[15] El término *Renacimiento* tiene dos denominaciones en polaco: *Renesans* y *Odrodzenie*. El primero procede del francés *renaissance,* mientras que el segundo es un sustantivo derivado del verbo polaco *odrodzić (renacer)*. Ambas se utilizan indistintamente para denominar el estilo de las artes plásticas, música y literatura que se cultivó en Polonia durante el siglo XVI, fundamentalmente.

más importantes fue Erasmo de Rotterdam (1466-1536), prestigioso humanista que defendió el carácter intimista de la religiosidad y rechazó radicalmente las supersticiones que se habían infiltrado en la sociedad cristiana. Erasmo consideraba que el renacimiento del mundo y del hombre tiene su fundamento en el espíritu racional y la perfección moral. Contrario al adoctrinamiento ejercido por la Iglesia católica, propagó el irenismo que proclamaba la paz y la concordia entre las religiones. Erasmo, que mantenía vivos contactos con los pensadores europeos de la época, tuvo también estrechas relaciones con intelectuales polacos como Piotr Tomicki (1464-1535), Jan Łaski (1499-1560) y Andrzej Frycz-Modrzewski (1503-1572), el más eminente erasmista polaco. En Polonia, a causa de los conflictos fiscales existentes entre la nobleza y el clero, fueron las ideas luteranas las que arraigaron con más fuerza, que encontraron en la burguesía de Gdańsk, Poznań, Toruń y Elbląg a muchos de sus seguidores.

El avance del protestantismo en Europa dio lugar a la ejecución de la Contrarreforma por parte de la Iglesia católica. Al luteranismo se añadieron nuevos conflictos religiosos: el calvinismo, el cisma provocado por Enrique VIII de Inglaterra (1509-1547) y, más tarde, el anglicanismo instaurado por Isabel I (1558-1603). El papa Paulo III (p. 1534-1549) convocó en 1545 el Concilio de Trento, que durará hasta 1563, con el doble propósito de restablecer la disciplina de la Iglesia y aclarar el dogma de la fe católica. Y aunque el clero católico polaco no se manifestó abiertamente partidario de la Contrarreforma, la presencia en Polonia de la Compañía de Jesús[16] contribuyó decisivamente a la progresiva pérdida de influencia del protestantismo y a la revitalización del catolicismo en tierras polacas. Grzegorz Bąk

[16] Fundada por san Ignacio de Loyola (1491-1556), fue aprobada por el papa Paulo III en 1540 e introducida en Polonia en 1564 por el cardenal Stanisław Hozjusz.

describe así la favorable situación que las diferentes confesiones religiosas mantenían en esta época en Polonia frente al resto de Europa:

> En 1573 la Confederación de Varsovia garantizaba la libertad y la paz religiosa. En la Polonia de entonces vivían y convivían representantes de numerosas confesiones: católicos romanos, uniatas, ortodoxos, luteranos, calvinistas, hermanos polacos, judíos y musulmanes. Hubo numerosos conflictos, pero indudablemente la situación de la Confederación Polaco-Lituana distaba mucho de la existente en Europa Occidental, dividida por las guerras de religión y con una gran intolerancia hacia los disidentes religiosos[17].

Este amable escenario no impidió, sin embargo, que el *Índice* tridentino de libros prohibidos abriera el camino a la Compañía de Jesús para que llevara a la hoguera miles de libros en Vilna[18] en 1581. La censura eclesiástica destruyó todos los libros considerados peligrosos para la doctrina católica, entre los que se encontraban las obras del polaco Nicolás Copérnico (Mikołaj Kopernik). Sin embargo, los jesuitas habían realizado ya una importante labor de infiltración del pensamiento de los ascetas y místicos españoles, lo que se refleja claramente en la actividad teatral escolar. La Compañía de Jesús, consciente del poder didáctico del teatro, mantuvo desde su implantación en Polonia un vivo interés por el desarrollo de este en sus colegios. Vilna (1570), Poznań (1573), Lublin (1594) y otras muchas ciudades, en las que los jesuitas habían establecido sus centros de enseñanza, armonizaron la formación teórica con la actividad teatral de los escolares a fin de difundir el ideario de la or-

---

[17] Grzegorz Bąk, «El Humanismo en Polonia», en Pedro Aullón de Haro (ed.), *Teoría del Humanismo,* vol. VII, Madrid, Editorial Verbum, 2010, pág. 229.

[18] Actual capital de la República de Lituania.

den y de la Iglesia, y conmover a los estudiantes hacia el respeto y la práctica de la doctrina moral católica. La lucha contra los herejes, dramatizada mediante personajes alegóricos, fue el tema más recurrido por los autores, que escribían en latín y en esta misma lengua veían representadas sus obras. El culto a la Virgen María, a la Santísima Trinidad y la exaltación de los santos de la Compañía de Jesús (san Ignacio de Loyola, pero, sobre todo, san Estanislao de Kostka)[19] eran motivos frecuentes en las representaciones. La formación del espíritu del caballero cristiano también era asunto de este teatro escolar que, frecuentemente, recurría a modelos de la historia de España y de la orden jesuítica.

Si el Humanismo (literario y filosófico) se caracteriza sobre todo por la exaltación del racionalismo y la libertad de pensamiento, fundamentados ambos en el principio de que el hombre debe guiarse por la razón y no por las aseveraciones de autoridades anteriores, en el terreno científico el empirismo —sistema que basa la ciencia en la experimentación— se convertirá en el fundamento de toda teoría. La medicina y la astronomía fueron las ciencias que, gracias al nuevo espíritu práctico y empírico del Renacimiento, alcanzaron los mayores logros.

---

[19] Primer jesuita polaco canonizado. Hijo de Jan Kostka (m. 1576), gobernador de Zakroczym, ingresó en el Colegio de los Jesuitas de Viena a los catorce años, orden religiosa a la que perteneció hasta su muerte a la edad de solo dieciocho años. Canonizado en 1726, es venerado como patrono menor de Polonia. El afamado hagiógrafo Alban Butler (1709-1773) narra con detalle los avatares y milagros del joven Estanislao de Kostka en su magna obra *The Lives of the Fathers, Martyrs and Other Principal Saints* (1756-1759), traducida al español por Joseph Alonso Ortiz como *Vida de los Padres, Mártires y otros principales Santos* (Valladolid, 1790). Más comúnmente conocida como *Vidas de Santos* de Alban Butler, existen varias ediciones modernas. En la mencionada primera edición española, la hagiografía de san Estanislao de Kostka se relata en el tomo XI, pág. 317.

Durante la Edad Media la medicina era una disciplina teórica cuyo objetivo no era curar enfermos, sino comentar los estudios médicos de la Antigüedad. El Renacimiento supone un cambio radical en la mentalidad de los nuevos profesores y estudiantes de medicina, para quienes esta ciencia se convierte en el medio que puede liberar al hombre del sufrimiento de la enfermedad. A partir de ahora, su cometido esencial será curar o aliviar en lo posible al enfermo. Tres son los nombres que cabe destacar en esta nueva empresa: Paracelso, Vesalio y Servet. El suizo alemán Felipe Aurelio Paracelso (1493-1541), profesor de la Universidad de Basilea, de la que fue expulsado por quemar en público los libros de medicina de Galeno y Avicena —médicos de la Antigüedad considerados infalibles—, revolucionó la ciencia médica con su *principio de los específicos,* que establece que la curación de cada enfermedad requiere un medicamento concreto adecuado. Decisiva también fue la obra del anatómico belga Andrés Vesalio (1514-1564), médico del emperador Carlos V, pionero en la enseñanza de la medicina mediante la práctica de la disección de cadáveres en las universidades de Pisa, Pavía y Bolonia, y autor de la magna obra *De humani corporis fabrica* (1543)[20], primer tratado moderno de anatomía. Finalmente, el humanista español Miguel Servet (1511-1553), médico, geógrafo, astrónomo y filósofo que fue condenado a la hoguera —acusado por Calvino—, descubrió la circulación sanguínea pulmonar.

En el estudio de la física del universo se produjeron extraordinarios avances, a los cuales la ciencia polaca contribuyó decisivamente. Las teorías aristotélicas de la planicie de la Tierra y del geocentrismo, que afirmaban que la Tierra es el centro inmóvil del universo alrededor del cual giran todos los astros, se encontraron rotundamente desfasa-

[20] *Sobre la estructura del cuerpo humano.*

das en el siglo XVI gracias a los descubrimientos del polaco Nicolás Copérnico (1473-1542) sobre la esfericidad de la Tierra y el heliocentrismo, a los que siguieron, en este mismo siglo XVI, los del italiano Galileo Galilei (1564-1642) y del alemán Juan Kepler (1571-1630). Nicolás Copérnico, nacido el 19 de febrero de 1473 en la ciudad de Toruń, fue un hombre apasionado por la medicina, la economía[21], el derecho y la política; pero sobre todo fue el matemático y astrónomo que, a partir del principio pitagórico platónico de la estructura matemática del universo, abrió el camino de la moderna cosmología. Copérnico, que se formó en las universidades de Cracovia, Bolonia, Padua y Ferrara, en 1506 se inició en los estudios astronómicos, a los cuales se dedica intensamente hasta la redacción de su obra capital, *Sobre las revoluciones de los orbes celestes (De revolutionibus orbium coelestium),* que no se publicaría hasta 1543, pocos meses después de su muerte, ocurrida el 24 de mayo de ese mismo año en Frombork. La obra supuso la invalidación de la doctrina cosmológica aristotélica, pues Copérnico demostró la existencia de tres movimientos de la Tierra: el diurno alrededor de su propio eje, el anual alrededor del Sol y el anual del eje terrestre respecto del plano de la elíptica. Este descubrimiento de las tres leyes de los movimientos de los planetas y su teoría del heliocentrismo, es decir, su consideración de que el Sol es el centro de un sistema alrededor del cual giran los planetas, fueron rechazados tanto por los católicos como por los protestantes. Muchas universidades europeas se apresuraron a condenar la teoría copernicana: Zúrich (1553), Rostock (1573), Sorbona (1576) y Tubinga (1582). Muy pocas, en cambio, se mostraron abiertas a las nuevas teorías y las enseñaron y difundieron en sus aulas. La Universidad de Salamanca fue, precisamente, una de las

---

[21] Fue autor en 1526 de un tratado latino sobre la reforma monetaria titulado *De la acuñación de moneda (Monetae cundedae ratio).*

más importantes propagadoras de la obra de Copérnico[22]. También la Santa Congregación del Índice ordenó en 1616 la suspensión de la obra, acusada de contenido herético. Sin embargo, ya a finales del siglo XVI, las teorías copernicanas fueron cobrando cada vez más fuerza hasta hacer de Nicolás Copérnico un hombre de prestigio universal, lo que se refleja en los numerosos estudios que sobre su vida y obra se sucedieron en toda Europa.

Precursores literarios neolatinos

Las primeas manifestaciones del Humanismo en la literatura polaca las encontramos en la segunda mitad del siglo XV en la aún predominante literatura neolatina. Uno de los tempranos precursores del nuevo estilo fue Grzegorz de Sanok o Gregorio Sanocensis (1407-1477), profesor de la Universidad de Cracovia y arzobispo de Leópolis. Sus numerosos viajes por Europa y sus estudios en diferentes universidades le permitieron entablar relación con muchos de los humanistas de la época. Uno de ellos fue Filippo Buonaccorsi (1437-1496), pensador italiano que en 1470 tuvo que huir de Roma acusado de participar en una conspiración contra el papa. Buscó refugio y lo encontró en casa de Grzegorz de Sanok. Buonaccorsi sería más tarde secretario de la Cancillería Real en Cracovia y preceptor —después consejero— del príncipe Jan Olbracht (r. 1492-1501). Buonaccorsi adoptó el sobrenombre latino de Callimachus (*pol.* Kallimach, *esp.* Calímaco), con el que firmaba sus epigramas eróticos, poemas laudatorios y creaciones de tema político, histórico y literario, así como sus elegías amorosas a Fannia Swentocha, en las que combina la queja amorosa,

---

[22] *Conf.* Eugenio de Bustos Tovar, «La introducción de las teorías de Copérnico en la Universidad de Salamanca», *Revista de la Academia de Ciencias Exactas, Físicas y Naturales,* LXVII, Madrid, 1973.

la sensualidad y los celos. Memorable es su poema *Sobre la vida y costumbres de Gregorio Sanocensis (De vita et mores Gregorii Sanocensis),* en el que personifica en su amigo y protector Grzegorz de Sanok el ideal del hombre humanista. Además de poesía, fue autor de un tratado titulado *Consejos de Calímaco (Consilia Callimachi),* conjunto de pautas dirigidas a los gobernantes acerca de los métodos de actuación para asegurarse su autoridad en el poder.

Entre 1488 y 1491 estudió matemáticas y astronomía en la Universidad de Cracovia el alemán Konrad Celtis (1450-1508), quien tradujo del latín al alemán la obra de Tácito *Germania.* Autor del tratado poético publicado en 1486 en Leipzig *El arte de la versificación y la poesía (Ars versificandi et carminum),* difundió entre los estudiantes el nuevo espíritu humanista en sus clases de retórica y poética. Fundó la Sociedad Literaria del Vístula (Sodalitas Litteraria Vistulana) que agrupó a jóvenes poetas de tendencia humanista y renacentista. Celtis escribió odas, elegías, epigramas y eróticos. Quiso representar simbólicamente el universalismo de las nuevas doctrinas y por ello cantó en su poesía a cuatro mujeres procedentes de los cuatro puntos cardinales de Alemania: Hasilina de Cracovia (esta ciudad polaca era tratada por Celtis como germana ya que en ella residía mucha burguesía alemana, por lo que la encuadra en el ámbito germano), Elsula de Ratisbona, Úrsula de Reinland y Bárbara de Lübeck. Y describió cuatro viajes, alegoría de las cuatro edades del hombre (infancia, juventud, madurez y ancianidad): tres fluviales —por el Vístula, el Danubio y el Rin— y uno marítimo —por el Báltico— a Escandinavia. Escribió también numerosos poemas descriptivos sobre Polonia, principalmente sobre Cracovia, el paisaje polaco, las minas de sal de Wieliczka, los Cárpatos y los bisontes. Todo ello fue publicado en Núremberg en 1502 en su libro *Cuatro libros de Amores como los cuatro lados de Germania (Quattuor libri Amorum secumdum quattuor latera Germaniae)* y en el volumen póstumo de 1513 titulado *Cuatro libros de odas con un epodo y un poema profano (Libri odarum quattuor cum epodo et saeculari carmine).*

De ascendencia alemana era también Paweł de Krosno *(c.* 1470-1517), aunque suele ser considerado el primer poeta polaco renacentista. Estudió en la Universidad de Cracovia, de la que posteriormente fue profesor. Su creación poética, en la que predominan temas religiosos y panegíricos, presenta una rigurosa fidelidad a Ovidio y Virgilio, lo que le valió el reconocimiento como maestro en el dominio de la técnica de versificación latina.

Jan de Wiślica *(c.* 1485-*c.* 1520), discípulo de Paweł de Krosno en la Universidad de Cracovia, alcanzó un generalizado reconocimiento como poeta. Sin embargo, fue su obra titulada *La guerra de Prusia (Bellum Prutenum)* (1516) la que le valió el honor de ser el primer autor polaco del Renacimiento de una epopeya. En ellos relata la victoria de los ejércitos polaco y lituano sobre las tropas de la Orden de los Caballeros Teutones en Grunwald en 1410. Su forma de escribir es intencionalmente didáctica y revela una clara intención de inmortalizar aquel decisivo momento de la historia de Polonia.

De gran originalidad es el poema titulado *Poema sobre el tamaño, realidad y caza del bisonte (Carmen de statura, veritate ac venatione bisontis)* (1523) de Mikołaj Hussowski *(c.* 1475-1533) en el que trata del bisonte polaco-lituano y del ambiente y circunstancias en que vive: el paisaje, las aldeas, las gentes que las habitan, sus costumbres, la caza, etc. La génesis del poema se remonta al período de estancia de Hussowski en Roma como acompañante de su protector, el obispo Erazm Ciołek. Este encargó que fuera disecado un bisonte con el fin de regalárselo al papa León X, gran aficionado a la caza, pero desconocedor de este animal. El presente debía ir acompañado de un poema que narrara sus costumbres y describiera su hábitat, cuya composición recayó en Hussowski, pero la muerte del pontífice en 1521 malogró la intención del obispo. Sin embargo, Hussowski terminó el poema y lo publicó en 1523, dedicándoselo a la reina Bona de Polonia.

Plenamente renacentista es Andrzej Krzycki (1482-1537), quien después de estudiar en la Universidad de Bolonia y doctorarse en Leyes regreso a Polonia y ejerció como político, diplomático, secretario de la reina Bona, más tarde obispo, arzobispo y primado. Maestro de la intriga palaciega, aprovechó su situación en la Corte para atacar y ridiculizar con sus composiciones a sus enemigos. En los numerosos poemas que escribió en latín, abarcó todos los temas: sátiras políticas y de la vida cortesana, panegíricos, poemas religiosos, poemas amorosos de influencia petrarquista —en algunos introduce elementos eróticos— y poemas circunstanciales.

El poeta más importante de la primera mitad del siglo XVI es Klemens Janicki (1516-1543). Nació en el seno de una humilde familia campesina de Januszkowo, una pequeña aldea no muy lejos de Poznań, ciudad en la que realizó sus estudios en la Academia Lubrański *(pol.* Akademia Lubrańskiego) fundada en 1519 por el obispo Jan Lubrański (1456-1520) y germen de la futura Universidad de Poznań. Más tarde los completó en la Universidad de Padua, de la que regresó a Polonia gravemente enfermo y murió a la edad de veintiséis años. Los últimos meses de su vida los dedicó a reunir su obra poética neolatina, la cual se publicó en 1542 estructurada en tres ciclos de poemas: *Tristezas, Elegías varias, Epigramas (Tristia, Variae elegiae, Epigrammata)*. Comprende, sobre todo, poemas autobiográficos que hablan de su ascendencia familiar, viajes, amigos y de todo lo pasado, lo que hace al poeta recapacitar sobre la proximidad de la muerte. En líneas generales, en su poesía destaca el tono alegre, conciliador y glorificador del universo, así como la aceptación resignada de la muerte. Otra de sus creaciones más valoradas es *Vidas de los reyes de Polonia escritas en un poema elegíaco (Vitae Regum Polonorum elegiaco carmine descriptae)* (1563), publicada veinte años después de su muerte. En esta obra realiza, en cuarenta y cuatro poemas dodecasílabos, una síntesis de la historia de Polonia a través de sus reyes, que abarca hasta Segismundo I el Viejo (r. 1506-1548). Su reconocimiento como poeta en toda Europa le valió llegar a ser laureado por el propio papa Clemente VII.

En la Corte de Segismundo I el Viejo encontramos a Jan Dantyszek o Juan Dantisco (1485-1548), un polaco de Gdańsk que tras estudiar en la Universidad de Cracovia se inició en la carrera diplomática. Dantisco será el principal comisionado de la corona polaca que en aquellos tiempos visita España[23]. Entre 1518 y 1524 fue enviado hasta en tres ocasiones como embajador a la Corte de Carlos V[24]. La tercera de ellas fue en 1524 y se prolongó hasta 1532 (en 1529 conoció y trabó una estrecha amistad con Hernán Cortés), por lo que residió casi permanentemente en España durante ocho años. Dantisco contribuyó también de manera importante a la difusión de la realidad española en Polonia, no solo con sus escritos y epistolarios, sino también con los transportes de libros españoles llevados a Polonia en sus viajes desde España, convirtiéndose en el primero de toda una serie de polacos que poseían una biblioteca española. Como poeta, las creaciones poéticas de Dantisco fueron muy populares en aquella época, tanto en Polonia como en España, gracias a que escribía en latín. Cultivó epigramas, epitalamios —entre los que cabe destacar el de-

---

[23] *Conf.* Antonio Fontán y Jerzy Axer (eds.), *Españoles y polacos en la corte de Carlos V. Cartas del embajador Juan Dantisco,* Madrid, Alianza Editorial, 1994. *Conf.* Ryszard Skowron, *Dyplomaci polscy w Hiszpanii w XVI i XVII wieku,* Cracovia, Universitas, 1997.

[24] No hay que descartar la posible influencia de Dantisco, durante su primera visita a España, en el hecho de que el monarca español concediera al rey polaco Segismundo I, en 1519, el Toisón de Oro como muestra de agradecimiento al apoyo de Polonia en su candidatura al trono imperial, convirtiéndose en Carlos I de España y V del Sacro Imperio romano germánico.

dicado en 1518 a la reina Bona titulado *Epitalamio de la reina Bona (Ephitalamion reginae Bonae)*—, poemas políticos, epitafios, panegíricos y otras composiciones de carácter didáctico, moral y religioso.

> No cabe duda de que en España llevó en todo momento una vida disipada —así lo afirma Jerzy Axer[25]—. Creó a su alrededor un verdadero centro de encuentros de sociedad famoso por sus ampulosas fiestas y, hay que reconocerlo, por las incontroladas borracheras que en ellas tenían lugar.

También protagonizó numerosos lances amorosos, uno de ellos con Isabel Delgada, dama con la que llegó a tener una hija natural en 1527, Juana Dantisco (m. 1601), la cual acabaría casándose, con solo doce años, con Diego Gracián de Alderete (1510-1600), humanista y traductor de Plutarco, Jenofonte y Tucídides, que ejerció como intérprete y secretario del emperador Carlos V. En la numerosa descendencia del matrimonio hispano-polaco —trece hijos—, algunos de ellos destacaron en el campo de las letras, la política y la religión, como Jerónimo Gracián Dantisco (1545-1614), que tomó los hábitos de carmelita descalzo (con el nombre de Jerónimo de la Madre de Dios) y se convirtió en confesor y director espiritual de santa Teresa de Jesús.

Aunque la biblioteca española de Dantisco no era nada despreciable, quien realizó con verdadero celo esta labor de difusión del libro español en Polonia fue el obispo de Płock, Piotr Dunin Wolski (1531-1590). Enviado por el rey polaco Segismundo II Augusto en misión diplomática ante Felipe II entre 1561 y 1573, reunió y trasladó a tierras polacas más de trescientas obras de la mejor literatura española escrita hasta el siglo XVI, conjunto que se conoce como

---

25 *Conf.* Antonio Fontán y Jerzy Axer (eds.), *Españoles y polacos en la corte de Carlos V. Cartas del embajador Juan Dantisco, op. cit.*, pág. 46.

la *Bibliotheca Volsciana*[26], en la actualidad integrada en los fondos de la Biblioteca de la Universidad Jagellona de Cracovia.

En el género de la prosa también se producen importantes obras neolatinas inspiradas por los descubrimientos geográficos ocurridos a finales del siglo XV y principios del XVI, los cuales despertaron el interés de los polacos por la historia, la geografía y las culturas extranjeras. Autor destacado entre los historiadores del siglo XVI fue Maciej de Miechów (1457-1523), médico de la Corte de Segismundo I el Viejo, fundador de una cátedra de Medicina en la Universidad de Cracovia y rector de esta durante varios años, además de autor de una *Crónica de los polacos (Chronica Polonorum)* (1519), que abarca hasta el año 1506 y en la que desmiente numerosas informaciones sobre Polonia, producto de la fantasía literaria, pero reflejadas en la historiografía extranjera como ciertas. Mucho más relevante es la obra de Marcin Kromer (1512-1589), quien estudió en las universidades de Cracovia, Padua, Roma y Bolonia. Doctor en Leyes, notario de la Corte Real, diplomático y secretario de Segismundo II Augusto, fue excelente traductor del latín al polaco de las obras de Aristóteles y Cicerón. Como historiador, su obra capital es *Treinta libros sobre el origen y gestas de los polacos (De origine et rebus gestis Polonorum libri XXX),* publicado en Basilea en 1555 y traducido al polaco en 1611 por Marcin Błażowski[27]. Abarca, al igual

[26] *Conf.* K. Piekarski, «Odkrycie *Volsciany* w zbiorach Biblioteki Jagiellońskiej» [«El descubrimiento de la *Volsciana* en la Biblioteca Juguellónica], *Silva Rerum,* cuadernos 6/9, 1928. *Conf. Pliegos poéticos españoles de la Biblioteca Universitaria de Cracovia* (edición en facsímile), V. I-II, Introducción de Carlos Romero de Lecea; Estudio e Índices de María Cruz García de Enterría, Madrid, Ed. Joyas Bibliográficas, 1975. *Conf.* U. Cerezo, «Catálogo de los libros españoles del siglo XVI en la Biblioteca Jaguellona de Cracovia», *Criticón,* Toulouse, núm. 47, 1989.

[27] Esta versión de Marcin Błażowski fue titulada *Treinta libros sobre las cuestiones, la historia y todos los demás asuntos ordinarios de la corona polaca*

Juan Dantisco *(pol.* Jan Dantyszek), de autor desconocido.

que la obra de Maciej de Miechów, la historia de Polonia hasta 1506. Años más tarde, en 1577, aparecía también en Basilea su obra de carácter antropológico titulada *Polonia o sobre el lugar, la gente, las costumbres, los magistrados y la República del Reino de Polonia (Polonia sive de situ, populis, moribus, magistratibus et Republica Regni Polonici)*. La obra historiográfica de Kromer gozó de gran popularidad, tanto en Polonia como en el extranjero, donde fue tomada como fuente primaria de información sobre el país por los historiadores europeos.

Literatura política y del derecho público: los publicistas

La literatura política y del derecho público fue un género que brilló con luz propia en este siglo XVI en Polonia y que alumbró relevantes nombres de publicistas. El incremento de las relaciones diplomáticas de Polonia con otros países europeos, el desarrollo de las universidades, de los estudios científicos, de la imprenta, los descubrimientos geográficos y las nuevas corrientes religiosas y de pensamiento contribuyeron decisivamente al establecimiento de un nuevo modelo de hombre, el humanista, caracterizado por su amor al estudio y la erudición, su ascendencia noble y su culto a la virtud. En otras palabras, nació el *homo loquens*. Este nuevo hombre tenía su principal escenario en el terreno político. A diferencia de lo que sucedía en la mayoría de los países europeos, en los que paulatinamente se fueron instaurando monarquías absolutas, en Polonia gobernaba una democracia de nobles en la que estos adoptaban sus decisiones en un parlamento bicameral constituido en 1493. Esto no solo confirió una importancia excepcional a la política polaca en Europa, tanto exterior como in-

---

(O sprawach, dziejach i wszystkich inszych potocznościach koronnych polskich ksiąg XXX).

terior, sino que, lógicamente, dio lugar al desarrollo del arte de la oratoria durante las sesiones de la Dieta y, como consecuencia inmediata, a la expansión de la literatura política.

El más importante publicista polaco del Renacimiento es Andrzej Frycz-Modrzewski, nacido en Wolbórz, al sur de Varsovia, alrededor del año 1503. De familia noble, recibió órdenes menores y estudió en la Universidad de Cracovia entre 1517 y 1522. En 1523 comenzó a trabajar al servicio de Jan Łaski (1499-1560), reformador religioso y mecenas de la cultura, amigo de Erasmo de Rotterdam. Durante varios años viajó por Alemania y Suiza, donde entabló amistad con Lutero y Melanchton. De regreso a Polonia en 1541, establece su residencia en Cracovia y ocupa el puesto de secretario del rey Segismundo II Augusto hasta 1553, año en el que regresa a su lugar natal. Pero sus ideas religiosas, cercanas al calvinismo, hacen que tenga que pedir refugio al *hetman* Jan Tarnowski (1488-1561). Acusado de herejía por el nuncio pontificio Lippomano a causa de la publicación en Alemania de la traducción al alemán[28], en 1557, de su obra latina *Comentario sobre el perfeccionamiento de la República (Commentatorium de Republica emendanda)* (1551), fue perseguido por la Iglesia católica, teniendo que ser el propio rey Segismundo II Augusto, amigo personal, quien le entregara un salvoconducto que lo protegiera de cualquier acusación por parte de la Iglesia y lo eximiera de la jurisdicción eclesiástica. Retirado a su ciudad natal, Wolbórz, murió en 1572. La obra capital de Frycz-Modrzewski es *Comentario sobre el perfeccionamiento de la República,* cinco libros que tratan: *Sobre las costumbres, Sobre las leyes, Sobre la guerra, Sobre la Iglesia, Sobre la institución de la enseñanza*[29]. Los tres primeros se

---

[28] *Von Verbesserung der gemeinen.*

[29] *Commentatorium de Republica emendanda libri quinque. Liber primus de moribus, secundus de legibus, tertius de bello, quartus de ecclesia, quintus de scholae.*

publicaron en Cracovia en 1551. La censura no permitió que los dos últimos salieran a la luz. Tuvo que esperar a 1554 para ver su obra completa editada en Basilea. En 1599 Cyprian Bazylik la tradujo al polaco[30] y a partir de ese año se realizaron varias versiones, entre ellas al francés, al ruso y al español[31]. Algunos investigadores —entre ellos Jan Twardowski y Stefania Ciesielska-Borkowska[32]— apuntan la existencia de una influencia directa de las ideas del gran humanista español Juan Luis Vives (1492-1540) en la obra de Andrzej Frycz-Modrzewski. Así lo afirma también Teresa Eminowicz cuando dice:

> [...] la influencia del gran humanista español Juan Luis Vives llegó hasta Polonia. Sus escritos encuentran eco en los tratados de otro notable humanista polaco, Andrzej Frycz-Modrzewski, en cuya principal obra, *De república enmendanda,* de 1551, anota que Juan Luis Vives es un gran sabio y posee un gran don de palabra[33].

---

[30] *O poprawie Rzeczypospolitej.*

[31] El manuscrito, no publicado, se conserva en la Biblioteca Nacional de Viena y tiene por título *Los prudentes y santos consejos del muy claro varón M. Andrea Fricio Modrevio, polono, secretario y del consejo del serenísimo Rey de Polonia Sigismundo, al mesmo Rey sobre la guerra contra los infieles, traducido de latín, a Maximiliano Augusto Rey de Bohemia, por Juan Justiniano. Conf.* Helena Rausell Guillot y Antonio González Alba, «Juan Justiniano, un cretense en la Valencia de Carlos V», *Calamus Renascens, Revista de humanismo y tradición clásica,* III, Instituto de Estudios Humanísticos, Alcañiz (Teruel), Servicio de Publicaciones de la Universidad de Cádiz, 2002, págs. 255-272.

[32] *Conf.* Jan Twardowski, *Jan Ludwik Vives i Andrzej Frycz Modrzewski,* Cracovia, Nakład Polskiej Akademii Umiejętności, Drukarnia Uniwersytetu Jagiellońskiego, 1921. *Conf.* Stefania Ciesielska-Borkowska, «Hiszpański przekład księgi *O wojnie* Frycza Modrzewskiego», *Comité de la Historia de la Ciencia, Estudios y Materiales,* 1, Varsovia, Academia de Ciencias Polaca, 1956, págs. 48-79.

[33] Teresa Eminowicz, «Las relaciones políticas y culturales entre España y Polonia en la época de Felipe II», en José Martínez Millán (ed.), *Felipe II (1527-1598): Europa y la monarquía católica,* vol. IV, Madrid,

Andrzej Frycz-Modrzewski, de Jan Matejko (1838-1893).

Gabriela Makowiecka va más allá y ahonda en la cercanía ideológica de ambos pensadores cuando escribe:

> Modrzewski, como Vives, comprende que, para conservar la independencia y el normal desarrollo de su país, no basta un extenso territorio ni un ejército bien organizado. Lo más importante es la actitud de sus ciudadanos, a los que debe patrocinar la cualidad esencial para los hombres renacentistas, o sea, lo que ellos llaman la virtud. Esta convicción, común a los dos escritores que nos interesan, les dicta su filosofía de la vida cívica, influye en sus consejos, sus esfuerzos y sus esperanzas. Desde dos posiciones diferentes, católica de Vives y protestante de Modrzewski, ambos buscan medios capaces de asegurar la concordia y la paz en el mundo. Condenan las guerras y las continuas discordias que desgarran sus patrias respectivas. Por encima de todo respetan sus propias convicciones y nunca las abandonan, sea cual fuere el castigo que estas les puedan ocasionar. [...] Ambos tienen las mismas ideas sobre la igualdad de los hombres ante Dios y la ley, y lo proclaman abiertamente[34].

Las ideas que defiende Frycz-Modrzewski en su obra no se distancian mucho de las de Erasmo de Rotterdam. Así, parte del principio de que la bondad es algo inherente a la naturaleza humana, la cual se perfecciona mediante actos de fe y generosidad. Lejos de una presentación utópica de la organización estatal, propone reformas concretas para el perfeccionamiento de la República. Las teorías de Frycz-Modrzewski sobre el nuevo modelo de Estado llevan a la compensación del derecho, al desarrollo individual y a la

---

Parteluz Editorial, 1998, págs. 89-100 [Congreso Internacional «Felipe II (1598-1998), Europa dividida, la monarquía católica de Felipe II», Universidad Autónoma de Madrid, 20-23 abril de 1998].

[34] Gabriela Makowiecka, «Pensamiento español en Polonia en el siglo XVI», *1616 Anuario de la Sociedad Española de Literatura General y Comparada. Anuario I,* Madrid, Sociedad Española de Literatura General y Comparada, 1978, págs. 147-148.

igualdad de todos los ciudadanos ante la justicia con el necesario sometimiento del individuo a la ley común, garantía del bien, la paz y el progreso. Estas innovadoras ideas lo convirtieron en uno de los más famosos publicistas europeos del Renacimiento y en el primer pensador demócrata polaco de transcendencia universal.

Otro relevante publicista es Stanisław Orzechowski, nacido en 1513 en Przemyśl, hombre de vastos estudios y conocedor de las mejores universidades de Europa: Cracovia, Viena, Wittenberg, Leipzig, Padua, Bolonia, Venecia y Roma. En 1541, y después de casi trece años en el extranjero, regresa a Polonia y se ordena sacerdote. A pesar de su condición de clérigo, se manifestó contrario al celibato en su discurso *Sobre la ley del celibato contra Siricio (De lege coelibatii contra Siricium)* (1547). Quiso ir aún más lejos y optó por contraer matrimonio en 1551. Curiosamente, no fue excomulgado por esto. Hombre respetado y apoyado por los sectores más influyentes de la nobleza polaca y la Iglesia católica, resultaba imprescindible en las tareas de renovación de esta. Los escritos políticos más importantes de Orzechowski son los titulados *Conversación o Diálogo sobre el funcionamiento de la Corona Polaca (Rozmowa albo Dialog około egzekucyjej Polskiej Korony)* (1563) y *Quincunx o el Modelo de la Corona Polaca representado en el zinc (Quincuncx, to jest wzór Korony Polskiej na cynku wystawiony)* (1564). En ambos encontramos a los mismos personajes: el anfitrión *(gospodarz)*, en cuya casa tiene lugar la conversación o diálogo anunciado en el título; el evangélico *(ewangelik)*, personaje que representa las nuevas tendencias reformadoras de la Iglesia; y el ultramontano *(papieżnik)*, hombre de ideas conservadores y teocráticas, partidario del fortalecimiento del poder de la Iglesia frente al Estado. Los diálogos, construidos con un carácter un tanto tendencioso, hacen que el lector se incline por los razonamientos del ultramontano, expuestos con bella oratoria, amplia sabiduría y derroche de virtudes, y que rechace la mediocridad intelectual y falta de elocuencia del evangélico.

El tercer gran publicista del Renacimiento es Piotr Skarga, nacido en el seno de una familia noble en el año 1536 en la villa de Grójec, no muy lejos de Varsovia. En 1552, cuando contaba dieciséis años, inicia sus estudios en la Universidad de Cracovia. En 1568 se traslada a Roma para ampliar su formación, durante la cual decide ingresar en la Compañía de Jesús. En 1571 regresa a Polonia y ejerce como docente en varios centros de la Compañía. En 1579, el rey Esteban Batory (1533-1586) lo designó para ocupar el puesto de rector de la Universidad de Vilna y en 1584 fue nombrado Superior de la Compañía de Jesús en Cracovia. A iniciativa suya fueron creadas dos importantes instituciones caritativas cuyo fin era ayudar a los necesitados, enfermos y desvalidos: la Archihermandad de la Misericordia *(Arcybractwo Miłosierdzia)* y el Banco Pío *(Bank Pobożny)*, en cuyo desarrollo y funcionamiento se implicó hasta su muerte, ocurrida en 1612. Autor de numerosos escritos políticos y religiosos, la obra cumbre de Piotr Skarga son sus *Sermones a la Dieta (Kazania sejmowe)* (1597), ocho discursos que constituyen un auténtico tratado político sobre las formas de actuación para el fortalecimiento del Estado polaco. Se publicaron en 1597 como apéndice a la segunda edición de sus *Sermones para los domingos y días festivos (Kazania na niedziele i święta)* y en ellos se recoge el ideal del noble polaco del siglo XVI: un hombre creador, de buenos sentimientos y profunda espiritualidad que consagra su vida al amor a Dios, a la Patria y a la Iglesia. Estos *Sermones* estaban destinados a ser, por un lado, comprendidos por el lector, por eso utiliza Skarga un lenguaje común, popular, con profusión de refranes y proverbios. Abundan también las preguntas retóricas, a las que contesta con clara intención didáctica, y las antítesis, sobre todo para contraponer el modelo de Estado y la situación real de Polonia. Pero, por otro lado, los sermones, para lograr su objetivo, tenían que ser sentidos por el lector. Para alcanzarlo se vale, principalmente, de dos recursos: la comparación, donde nos presenta a Polonia como un barco a punto de zozobrar y cuya tripulación —la nación polaca— se debate entre salvarse o naufragar en su totalidad; y la personificación, donde Polonia es una madre y la nación sus hijos, estableciendo que la relación entre la una y los otros debe estar fundamentada en el amor auténtico y desinteresado.

Finalmente, cabe recordar a Jan Dymitr Solikowski (1539-1603), quien se convirtió del protestantismo al catolicismo, llegando a ordenarse sacerdote alrededor del año 1563 y desempeñar diferentes cargos, entre ellos los de secretario real, diplomático y arzobispo de Leópolis. Autor de escritos políticos y religiosos, principalmente contra los protestantes, cultivó tanto la lengua latina como la polaca, aunque sus escritos más interesantes son los realizados en esta última durante el interregno que, tras la muerte en 1572 del último rey de la dinastía de los Jagellones, Segismundo II Augusto, tuvo lugar hasta la llegada al trono de Polonia del primer rey electo, el francés Enrique de Valois, en 1573. En estos meses Solikowski escribe *Conversación de Kruszwica (Rozmowa Kruszwicka)* (1573), recomendando la elección del galo para el trono de Polonia, *Conversación de Gąska con san Bartolomé (Rozmowa Gąski z Świętym Bartłomiejem)* (1574) y *El alguacil con el alcalde (Komornik z Burmistrzem)*, y el volumen de poemas titulado *Lucrecia romana y cristiana (Lukrecja rzymska i chrześcijańska)* (1570), todos ellos textos que tienen el interés de estar escritos en un polaco sencillo y vivo, próximo al hablado, ajeno a la retórica y al artificio literario de otros autores.

Traducciones y adaptaciones: el camino hacia la literatura en lengua polaca

Los humanistas polacos, alentados por los nuevos horizontes literarios abiertos por el espíritu renacentista, se relacionaron estrechamente con otros humanistas europeos, lo que suscitó en ellos el interés por la retórica, la literatura antigua, la poesía neolatina y las literaturas en lenguas nacionales. Algunas de estas relaciones llegaron a ser muy intensas, como la mantenida por los hermanos polacos Stanisław (1490-1550) y Jan Łaski (1499-1560) con Erasmo de Rotterdam, a los que el propio Erasmo les legó su biblioteca, trasladada a Polonia después de su muerte.

Desde que en 1475 se instalara la primera imprenta polaca en Wrocław, la mayoría de los libros que se imprimían en Polonia a principios del siglo XVI estaban destinados a la Iglesia. Las traducciones en este terreno tuvieron una gran importancia. De la Biblia, por ejemplo, se realizaron varias traducciones al polaco. La postura reformadora se reflejó, primero, en una traducción del Libro de los Salmos y, posteriormente, en una del Nuevo Testamento. En 1561 apareció una traducción completa de la Biblia de orientación católica, a la que siguieron una versión arriana[35] en 1572 y otra católica en 1599, realizada por el jesuita Jakub Wujek. Biernat de Lublin (1465-*c.* 1529) compuso *Paraíso de las almas (Raj duszny)* (1513), devocionario elaborado a partir de traducciones de oraciones latinas al polaco. Pero la literatura de carácter religioso no se limitó solo a los libros sagrados y de oración, sino que se tradujeron también obras de divulgación, como el texto apócrifo *Vida de Nuestro Señor Jesucristo (Żywot Pana Naszego Jezu Krysta)* (1522), cuya traducción realizó Baltazar Opeć.

Entre las traducciones y refundiciones laicas destaca la titulada *Vida y fábulas de Esopo Fryg, sabio de buenas costumbres (Żywot Ezopa Fryga mędrca obyczajnego i z przypowieściami*

---

[35] Grzegorz Bąk, en relación con esta corriente arriana polaca, señala en «El Humanismo en Polonia», *op. cit.*, pág. 231: «Los llamados *arrianos*, hermanos polacos o *socinianos*, eran enemigos del dogma de la Santa Trinidad, del bautizo de los niños y del sistema feudal. [...] En su doctrina influyó el italiano Fausto Socini o Sozzini (1539-1604), que nació en Siena y murió cerca de Cracovia».

jego) (1522) de Biernat de Lublin, refundición escrita en octosílabos de los escritos del italiano Ritimius y del alemán Steinhöwel. En la primera parte cuenta la biografía fabulada de Esopo, para pasar en la segunda a la narración de las fábulas de carácter didáctico-moral y en las que, frecuentemente, son los animales sus protagonistas. Recoge más de doscientas, muchas de ellas traducidas o refundidas del latín, aunque otras están escritas por él a imitación de estas. Otra de sus famosas traducciones al polaco es el *Diálogo de Palinuro y Carón (Dialog Palinura z Karonem),* del retórico y filósofo griego Luciano de Samosata (125-192), en la que las mordaces sátiras presentan cuadros cómicos de la sociedad.

Dentro de la prosa narrativa, gozaron de gran popularidad las traducciones y refundiciones de lo que en polaco se denomina *historia* (historia), es decir, un relato épico o fabuloso. Tal es el caso de la traducción que Jan de Koszyczki realizó de un texto en latín anónimo titulado *Disputas que se dice que hubo entre el rey Salomón, sapientísimo, y Marcolphus, que era deforme y feísimo (Disputationes quas dicuntur habuisse inter se mutuo rex Salomon sapientissimus et Marcolphus facie deformis et turpissimus),* conocido en la literatura polaca como *Marchołt* y cuyo título es *Diálogos del rey sabio Salomón con el gordo y basto Marchołt (Rozmowy, które miał król Salomon mądry z Marchołtem grubym a sprośnym)* (1521). En esta obra, en la que se alterna la prosa y el verso octosílabo rimado, se cuenta cómo el sabio rey expone una serie de adivinanzas a Marchołt, el cual las resuelve todas. Pero el destino de Marchołt, por quien el rey sentía cierta simpatía, cambia cuando difunde la noticia de que Salomón quiere instaurar la poligamia y encabeza un ataque de las mujeres contra el monarca. Hecho prisionero, Marchołt es condenado a la horca. Pero su astucia lo lleva a idear una forma de evadir la sentencia. Pide al rey que le conceda un último deseo: elegir el árbol del que será colgado. Marchołt, a quien ningún árbol le parece apropiado para ejecutar su condena, se va alejando del lugar hasta lograr escapar astutamente.

La literatura picaresca llegó a Polonia a través de una traducción, cuyo autor se desconoce, realizada hacia el año 1530 de un texto alemán[36] que en polaco recibió el título de *El cómico y divertido pícaro (Sowiźrzał krotochwilny i śmieszny)*. De esta obra, que gozó de gran popularidad en Polonia, se llegaron a realizar hasta trece ediciones. Sowiźrzał es un pícaro que vaga de un lugar a otro realizando toda clase de travesuras sin distinción de clases sociales: víctimas de sus picardías son tanto los obispos, cardenales y profesores de universidad como los humildes artesanos y campesinos. Aunque tanto el personaje como sus maliciosas acciones resultan extraordinariamente simples en muchas ocasiones, el héroe representa, en alguna medida, una protesta de carácter social. La gran popularidad del personaje llevó a la aparición, durante los siglos XVI y XVII, principalmente, de una corriente de literatura picaresca a la que se vincularon muchos escritores de descendencia plebeya para publicar sus textos humorísticos e irónicos, frecuentemente bajo el pseudónimo común de Januarius Sowizrzalius.

De esta época son también otras muchas traducciones y refundiciones como la *Historia de la vida y los célebres hechos de Alejandro Magno (Historia o żywocie i sprawach znamienitych Aleksandra Wielkiego)* (1550), *Historia troyana (Historia trojańska)* (1563), *Historia de Magellone (Historia o Magiellonie)* (1563), *Historia del emperador Otón (Historia o Othonie cesarzu)* (1569), *Historia de Fortunato (Historia o Fortunacie)* (1570) y la *Graciosa historia sobre la bella y noble Melusina, traducida recientemente del alemán al polaco (Historia wdzięczna o szlachetnej i pięknej Meluzynie teraz nowo z języka niemieckiego na polski przełożona)* (1569).

---

36 *Ein kurtzweilig lesen von Dyl Ulenspiegel* (1515).

Sin abandonar definitivamente el latín, pero cada vez con mayor convencimiento de la necesidad de utilizar la lengua vernácula en la literatura, escribió en polaco Stanisław Gąsiorek *(c.* 1493-1562), capellán de la Corte de Segismundo I, al que dedicó panegíricos como el titulado *Sobre el ascenso del príncipe Segismundo Augusto al Reino de Polonia (O powyższeniu Zygmunta Augusta królewicza na Królestwo Polskie)* (1530). También con motivo de la boda de la princesa Izabella escribió el epitalamio titulado *A la boda de la princesa Izabella (Na wesele królewny Izabelle)* (1539).

Aún más decisiva para esta transición lingüística del latín al polaco es la obra de Marcin Bielski *(c.* 1495-1575), quien en 1545 publicó *Vidas de los filósofos (Żywoty filozofów),* inspirado en el libro *Regla de la vida humana (Pravidlo lidského života)* (1528) del bohemio Mikuláš Konáč (1480-1546) y en el que Bielski combina relatos fantásticos, hechos históricos y cuentos populares sobre sabios, escritores y héroes de la Antigüedad. Pero su obra más ambiciosa se publicó en 1551 bajo el título *Crónica de todo el mundo (Kronika wszystkiego świata),* primera de carácter enciclopédico en polaco. Comienza en los tiempos del Antiguo Testamento y abarca hasta el año 1550. Inspirada en la *Crónica de todas las épocas y naciones (Memorabilium omnis aetatis et omnium gentium chronici commentarii)* (1516) del humanista alemán Johannes Nauclerus (1425-1510), Bielski aúna en esta obra de pretendido carácter universal la sabiduría erudita, los relatos bíblicos, los hechos históricos y las leyendas fantásticas. A Marcin Bielski se deben también los primeros pasos en el género dramático polaco renacentista. Su *Comedia de Justino y Constanza (Komedyja Justyna i Konstancyjej)* (1557), aunque está estrechamente ligada a la escena medieval, representa el triunfo de la comedia polaca sobre la latina en Polonia. Aún Bielski es autor de la obra en prosa *Asunto caballeresco (Sprawa rycerska)* (1569) y de tres sátiras publicadas entre 1566 y 1567: *El parlamento de las mujeres (Sejm niewieści), El sueño de mayo*

(Sen majowy) y *Conversación de los nuevos profetas, dos carneros con una sola cabeza (Rozmowa nowych proroków, dwu baranów o jednej głowie)*. Son obras con un importante valor histórico y testimonial sobre la Polonia de la época en las que Bielski, además de realizar algunas observaciones sobre las costumbres civiles, expresa su preocupación por cuestiones relacionadas con la defensa de Polonia, los ideales de la nobleza y la falta de responsabilidad en el cumplimiento de las obligaciones ciudadanas de la burguesía, por la que no siente ningún aprecio.

En el largo camino de la transición literaria a la lengua vernácula en Polonia, el autor que desterró definitivamente el latín de sus escritos fue Mikołaj Rej (1505-1569), un personaje para el que la creación en lengua polaca era una cuestión patriótica, de ahí que terminara siendo coloquialmente apodado como el padre de la literatura polaca. A ello contribuyó, y no poco, un sencillo pareado perteneciente al poema escrito en 1562 titulado *A quien leyó (Do tego, co czytał)*, incorporado como sentencia al acervo lingüístico polaco. En estos versos Rej apelaba al valor de la lengua vernácula pregonando:

> Que todas las naciones sepan que los polacos
> tienen su propia lengua, que no son unos gansos[37].
>
> (Trad. F.P.G.).

Pero Mikołaj Rej no llegó solo por convencimiento personal a excluir el latín en su creación y convertirse en el primer escritor exclusivamente en lengua polaca, sino que acontecieron circunstancias personales que lo abocaron a ello. Nacido en el seno de una acaudalada familia noble, asistió a diversos centros de enseñanza para cursar estudios, pero cuando contaba veinte años de edad, su padre, al com-

---

[37] «A niechaj narodowie wżdy postronni znają, / iż Polacy nie gęsi, iż swój język mają».

Mikołaj Rej (1921), de Adam Grabowski (1875-1941).

probar que no sacaba provecho alguno de ellos y que lo que verdaderamente hacía era disfrutar de la alegre vida estudiantil cracoviana, lo puso a trabajar al servicio del voivoda de Sandomierz, Andrzej Tęczyński, donde, inmerso en un ambiente intelectual selecto, se sintió profundamente avergonzado de su escasa educación académica. Inició entonces un intenso proceso de formación autodidáctica basado en la lectura de obras de un amplio abanico de disciplinas. A la muerte de su padre recibió una importante herencia, lo que le permitió establecerse en una de sus muchas haciendas rurales entregado a la vida política de la nobleza, tertulias y fiestas palaciegas. Hacia 1541 Rej se convirtió al protestantismo, llegando a ser un escritor de profundas raíces calvinistas. Su escaso dominio de la escritura en latín y la preocupación que le producía el desprecio que sufría la lengua polaca por parte de muchos escritores polacos lo condujeron a la ruptura con la tradición de la literatura neolatina y la adopción del polaco como única lengua literaria, lo que hasta ahora no se había producido en Polonia en la conciencia del escritor renacentista, que descubre su propia lengua y la contempla como material digno para la creación literaria.

La obra de Rej es un fiel reflejo de la época que vivió y de sus contemporáneos, y nace, precisamente, como consecuencia de su inquietud por ennoblecer la lengua vernácula. Abundan en ella los temas relativos a los problemas políticos, sociales y religiosos de la época, sin embargo, presenta a veces rasgos de los modelos literarios del Medievo: el carácter didáctico, la utilización de géneros típicamente medievales y una manifiesta carencia de disciplina lingüística, lo que redunda en una falta de rigor artístico y una cierta rudeza literaria, limitaciones que se le vuelven en contra en su noble aspiración.

De toda la creación literaria de Rej destacan dos títulos que se enmarcan en el género de la literatura parenética de la época. El primero es *Imagen propia de la vida del hombre benévolo (Wizerunek własny żywota człowieka poczciwego)*

(1558) libre reelaboración en verso del *Zodiaco de la vida (Zodiacus vitae)* del humanista italiano Marcelo Palingenius (*c.* 1503-*c.* 1543). Narra la historia de las andanzas de un joven noble que busca un modelo de vida ideal que lo conduzca a la sabiduría, la virtud y la felicidad. Para ello realiza visitas a numerosos filósofos, como Sócrates, Epicuro, Platón y Aristóteles, cuyos buenos consejos procura seguir para alcanzar una vida modélica y feliz. En síntesis, podemos reducir estos consejos a tres grandes objetivos. El primero, casarse con una mujer de su mismo nivel social y económico, capaz de ser al tiempo buena esposa, buena madre y hacendosa en el hogar. El segundo, asentarse en una propiedad en el campo en la que combine el amor a la familia con las faenas propias de la vida campestre. Y el tercero, el servicio a Dios, a los amigos y a la patria, en todas sus dimensiones. En esta obra sintetiza Rej las cualidades que a su juicio debe reunir el hombre ideal: un noble con una situación económica desahogada, bondadoso y patriarcal con sus súbditos y sirvientes, buen ciudadano, participante en la vida política del país, buen padre, buen marido, con una idea acorde con las leyes de la naturaleza, amante de la vida cotidiana, capaz de una buena administración de sus bienes y sensible a los encantos de la naturaleza, los cuales (bosques, jardines, paisajes, flores, etc.) son descritos por Rej por primera vez en la literatura polaca con intención puramente estética.

El segundo título memorable es *El espejo u obra en la que cada estamento puede fácilmente contemplar sus cuestiones como en un espejo (Zwierciadło albo kształt, w którym każdy stan snadnie się może swym sprawom jako we zwierciadle przypatrzyć)* (1568), un *speculum* estructurado en ocho libros en los que expone sus ideas sobre el hombre, el arte y el mundo, y que constituye el primer tratado polaco laico de ética. Rej describe aquí las etapas que experimenta el hombre en su desarrollo desde su nacimiento hasta la muerte. Aboga por la individualidad de la persona y se opone a una educación basada en una disciplina rígida.

Para Rej la buena educación debe procurar, además de la instrucción intelectual, la formación del espíritu mediante elementos lúdicos. En cuanto al hombre, Rej defiende su bondad y sensatez innatas, su capacidad para reprimir los malos instintos y la independencia económica como medio para alcanzar la libertad, la cual conduce a la armonía interior.

Aún en 1562 Rej publica en Cracovia *Jardín zoológico en el que se describen las figuras, cualidades y costumbres de diversas clases de hombres, animales y pájaros (Zwierzyniec, w którym rozmaitych stanów ludzi, zwierząt i ptaków kształty, przypadki i obyczaje są właśnie wypisane)*, un conjunto de epigramas de ocho versos tridecasílabos pareados, unos laudatorios y otros satíricos, dedicados a personajes célebres e históricos, a instituciones del Estado y religiosas y a las actividades domésticas, a través de los cuales representa, de forma alegórica y con evidente intención didáctica, la honradez, la virtud y el afán de servicio a la patria. Uno de ellos es el dedicado al jurista español y profesor de Derecho Romano en la Universidad de Cracovia Pedro Ruiz de Moros (*c.* 1506-1571), con quien mantuvo una estrecha amistad y relación de admiración, tal y como queda reflejado en los versos del poema *Pedro Ruiz, español (Petrus Roizyjus, Hiszpan)* que le dedicó en su libro *Jardín zoológico:*

> Bisojo es Ruiz de Moros, español
> de gran sabiduría y rectitud.
> No hubo italianos antes, ni alemanes
> que en Polonia gozaran de tal fama
> por su virtud y ejemplo de conducta.
>
> Algún que otro Calímaco[38] acogimos,
> más hoy produce miedo el recordarlo.

---

[38] Sobrenombre de Filippo Buonaccorsi (1437-1496). Véase en esta *Introducción* la información sobre él en el capítulo *Precursores literarios neolatinos*.

Pero si este gran hombre entre nosotros
se quisiera quedar y ser polaco
sería un gran honor para Polonia[39].

(Trad. F.P.G.).

En líneas generales, podemos decir que Mikołaj Rej, a pesar de su escasa formación académica, logró llevar a su obra un profundo carácter humanista, fruto de la extraordinaria intuición que el poeta poseía. Rej, que afirma haber entendido el sentido de la vida terrenal, manifiesta abiertamente su alegría por la existencia. Acepta el mundo tal como es y se siente conforme con la condición humana en su totalidad. Por otro lado, Rej es un verdadero creador lingüístico que explora todas las posibilidades de expresión en lengua polaca. Su estilo es primordialmente coloquial, pleno de regionalismos, fraseología, términos de jerga y diminutivos —muy característicos en la lengua popular—, pero manteniendo siempre, con mayor o menor fortuna, un estilo artístico y poético, en general, de muy digno nivel.

Un lugar muy destacado en el panorama de las traducciones y refundiciones en lengua polaca es el que ocupa Łukasz Górnicki (1527-1603), nacido en el seno de una acomodada familia burguesa. Gracias a los numerosos mecenazgos de los que disfrutó, tuvo una larga carrera de estudios y formación en el extranjero (entre otras universidades, visita las de Padua y Viena) hasta 1559, año en que fue

---

[39] *Conf.* Fernando Presa González, *Antología de la poesía polaca desde sus orígenes hasta la primera guerra mundial, op. cit.*, págs. 57-58. «Roizyjus, ten Hiszpan, choć ma krzywe oczy, / Ale rozum, ten wierz mi, iż mu prosto kroczy. / A wiele ten celował w Polszcze cudzoziemców / Zachowaniem i cnotą, i Włochów, i Niemców. / Mieliciechmy też kiedyś ony Kallimachy, / Lecz gdy je wspominają i dziś o nich strachy. / Ale ten poczciwy człek, by też Polakiem był, / Rad by ten sławny naród na wszytkim ozdobił».

nombrado secretario y bibliotecario real por el propio monarca Segismundo II Augusto, quien le franqueó el acceso al estamento de la nobleza con el nombramiento de diversos cargos. Górnicki cultivó la historia, la prosa política, la poesía y la traducción. Sin embargo, fue su obra de género parenético titulada *El cortesano polaco (Dworzanin polski),* publicada en Cracovia en 1566, la que le proporcionó la inmortalidad. Se trata de una adaptación polaca del *Libro del cortesano* (1528) de Baldassare Castiglione (1478-1579) que esboza el retrato del modelo ideal de cortesano. En ella, una serie de famosos personajes de su época celebran una instructiva tertulia para el lector que Górnicki reproduce a manera de conversación. En los diálogos se ocupan de numerosos temas relacionados con la formación del joven cortesano: su educación, las lecturas convenientes, el cultivo de las bellas artes, las formas de ocio, las relaciones con las mujeres, los conocimientos del arte de la guerra, etc. Górnicki establece un modelo de educación global basada en la lectura, la destreza física, el talento artístico, la caballerosidad y el compañerismo en los juegos y diversiones, la elegancia de estilo con las mujeres, el valor y el patriotismo en el campo de batalla, la fidelidad al señor, el encanto y la gracia personal, virtudes de gran valor social que protegen de la vulgaridad y la grosería.

El Humanismo y la Edad de Oro de la literatura polaca

El Humanismo coincide en Polonia con la Edad de Oro de su literatura, sobre todo bajo el reinado de Segismundo II Augusto (r. 1548-1572), hijo del rey Segismundo I el Viejo (r. 1506-1548) con su segunda esposa, Bona Sforza de Bari, princesa milanesa elevada al trono de Polonia en 1518 en virtud de este matrimonio. Hija de Isabel de Aragón, Bona se había educado en la cultura española ya que Bari había pertenecido a la monarquía hispánica. A esta generosa mecenas acompañaron hasta la corte de Cracovia no solo embajadas y altos dignatarios civiles y eclesiásticos, sino también prestigiosos arquitectos y pintores italianos que participaron, junto a polacos, en numerosas construcciones, como la residencia del rey en el castillo de Wawel en Cracovia o la capilla funeraria de Segismundo I. También Bona fue la impulsora de la difusión en los salones de los palacios polacos de los gustos españoles e italianos, incluidas la moda y la gastronomía. Esta penetración se prolongaría aún durante el reinado de Segismundo III Vasa (1587-1632), hasta el punto de que en obras parenéticas como *El cortesano polaco* de Łukasz Górnicki se señala el conocimiento de la lengua española como una de las exigencias que debe reunir un consejero real.

Durante el siglo XVI, Polonia dominaba un territorio de casi un millón de km^2. Era una época de prosperidad en todos los ámbitos, no solo en el literario. Una potente economía agraria, unida a la exportación de cereales y madera, proporcionó las bases de un sistema económico altamente positivo para el país. La nobleza, que había logrado importantes privilegios a lo largo del siglo XV, los incrementó en el XVI. El parlamento bicameral, constituido en 1493, adquirió una importancia capital y distintiva de la política polaca en el contexto europeo. Y mientras que en la vecina Rusia y en la mayoría de los países europeos se afianzaban las monarquías absolutas, la política en Polonia se regía por una democracia nobiliaria. Muerto en 1572 Segismundo II Augusto, último rey de la dinastía de los Jagellones, se adopta la elección directa de reyes en 1573. Entre los muchos pretendientes a la corona polaca se encontraban Juan III de Suecia, Iván el Terrible, Enrique de Valois y el Archiduque Ernesto de la Casa de Austria. Fueron precisamente estos dos últimos los que con mayor virulencia intentaron ampliar su influencia. Las promesas de Enrique de Valois (r. 1573-1574) de respetar los principios constitucionales elaborados por la nobleza polaca y de establecer una alianza entre Francia y Polonia que protegiese y defendiese los intereses políticos y comerciales mutuos lo llevaron al trono polaco en abril de 1573. Desde este año y hasta 1795, bajo el reinado de Estanislao Augusto Poniatowski, en que los imperios de Rusia, Prusia y Austria se reparten el dominio de Polonia y desaparecen la monarquía y el propio Estado polaco, once fueron los reyes que alcanzaron el trono de Polonia por este procedimiento electivo.

En el terreno lingüístico, el Renacimiento implicó el triunfo definitivo del polaco sobre el latín, porque el uso de la lengua vernácula pasó a ser considerado una cuestión patriótica. Al progreso económico y dominio de Polonia en Europa central acompaña un extraordinario desarrollo de la literatura en todos los géneros.

El siglo XVI es el siglo de la expansión de las imprentas en Polonia. Ciudades como Cracovia, Toruń, Poznań, Varsovia, Vilna y Leópolis vinieron a sumarse al arte editorial que desde 1475 se desarrollaba en Wrocław. Esto tuvo una importancia capital ya que se publicaron gramáticas normativas como la de Piotr Statorius Stojeński, *Enseñanza de la gramática polaca (Polonicae gramatices institutio)* (Cracovia, 1568) y un *Diccionario latín-polaco (Lexicon Latino-Polonicum)* (Regiomonti Borussiae, 1564), obra de Jan Mączyński, en un decisivo intento de alcanzar el reconocimiento de la lengua polaca como lengua literaria. A la regularización de la ortografía contribuyó también la labor de imprentas y escritores, entre ellos el eminente tratadista Łukasz Górnicki, redactor de una ortografía polaca titulada *Tratado de gráfica (Rozprawa o grafice)*[40].

Especial importancia tuvo el impresor polaco Estanislao Polono o Stanislaus Polonus (m. *c.* 1514) para la actividad libresca en España, quien en 1490 llega a Sevilla a instancias

---

[40] Publicada en 1594 por Jan Januszowski en *El nuevo carácter polaco de la Imprenta de Lázaro y ortografía polaca de Jan Kochanowski, Łukasz Górnicki [...] (Nowy karakter polski z Drukarnie Lazarzowey y ortographia polska Iana Kochanowskiego, Łukasza Górnickiego, [...]).*

de los Reyes Católicos y se establece en la ciudad andaluza llevando a cabo una extraordinaria labor de difusión de textos impresos[41]. Se conocen ciento once títulos salidos de su imprenta, relativos al descubrimiento de América, obras religiosas, teológicas, misales, breviarios, tratados jurídicos, libros de medicina y filosofía, obras historiográficas, el relato del viaje de Marco Polo, el *Decamerón* de Boccaccio (la única edición española del siglo xv) y varias obras de escritores clásicos grecolatinos. Dignos de especial mención son los libros de los autores españoles Jorge Manrique, Antonio de Nebrija, Hernando del Pulgar y Fernando de Rojas, cuya tercera edición de *La Celestina* fue impresa en la nueva imprenta que Estanislao Polono fundó en Alcalá de Henares en 1502 a petición del cardenal Cisneros, consciente de la importancia de contar con una imprenta en la nueva universidad que estaba levantando en esta ciudad.

Durante el Renacimiento, la Universidad de Cracovia se convirtió en un centro de gran interés científico y cultural en Europa. Prueba de ello es que a ella llegaron numerosos docentes provenientes de prestigiosas universidades europeas. La presencia española en la universidad cracoviana fue especialmente intensa en el ámbito de la filosofía y el derecho[42]. Juristas españoles como el sevillano García Cuadros *(pol.* Garsías Quadros) enseñaron en Polonia, en su caso Derecho Romano y Derecho Canónico entre 1510 y 1517. Se tienen muy pocos datos de su vida: procedía de Sevilla y publicó un libro jurídico editado en Cracovia por Florian Ungler en el año 1522.

---

[41] *Conf.* Antonio Odriozola, *Estanislao Polono: Un extraordinario impresor polaco en la España de los siglos XV y XVI (1491-1504),* presentación de X. Filgueira Valverde, Diputación Provincial de Pontevedra, 1982. *Conf.* Julián Martín Abad e Isabel Moyano Andrés, *Estanislao Polono,* Universidad de Alcalá, 2002.

[42] *Conf.* Carlos Koranyi, «Jurisconsultos y jurisprudencia españoles en Polonia desde el siglo xv hasta el siglo xviii», *Anuario de Historia del Derecho Español,* 1928, págs. 227-245.

También el aragonés de Alcañiz, Pedro Ruiz de Moros (*c.* 1506-1571), conocido en Polonia como Piotr Roizjusz, fue profesor de Derecho Romano en la Universidad de Cracovia entre 1541 y 1550. En su juventud, Ruiz de Moros estudió Leyes en la Academia de Lérida y fue consagrado diácono. En 1537 Ruiz viajó a Italia para estudiar en las universidades de Padua, Roma y Bolonia, en la que obtuvo el grado de doctor. Ya que Bolonia era muy popular entre los polacos, allí conoció a muchos de ellos y le fue ofrecida por el Primado de Polonia y Canciller de la Universidad de Cracovia la cátedra de Derecho Romano y Canónico, la cual aceptó en 1541 y desempeñó durante nueve años, hasta 1550. En Cracovia, Ruiz de Moros trabó amistad con importantes personajes de la vida cultural y política. El propio rey Segismundo I solía requerir su consejo en asuntos jurídicos, aunque sus más estrechas relaciones con la Corte se produjeron ya con Segismundo II Augusto, quien lo nombró consejero real y asesor del Tribunal Real en el año 1549 para impedir su marcha a Viena, donde el emperador Fernando le había ofrecido una cátedra en su universidad. Ruiz de Moros fue un importante consejero legal del rey Segismundo II Augusto tras la firma de la Unión de Lublin en 1569, por la cual el Reino de Polonia y el Gran Ducado de Lituania se mancomunaban en un Estado dual, la República de las Dos Naciones, bajo un único monarca, un parlamento común y una sola moneda. El 28 de marzo de 1571 murió Ruiz de Moros en Vilna, donde venía ocupando, desde hacía años, el cargo de párroco de la iglesia de San Juan y director de su academia, en la que enseñaba Derecho Romano.

Periodos literarios renacentistas

La literatura polaca no es homogénea a lo largo de la época renacentista. En su evolución se van sucediendo momentos de diferente intensidad y penetración de las ideas y poéticas predominantes en la época, lo cual afecta no solo a los temas literarios, sino también a las formas de expresión y los géneros cultivados. Aunque los criterios para la periodización de esta época no son uniformes en la crítica literaria y responden a distintos acontecimientos señalados arbitrariamente por los estudiosos de la literatura polaca —tales como las fechas de nacimiento o muerte de un autor, el año de una publicación relevante, el momento de un determinado suceso histórico, etc.—, podemos reducir a tres periodos de amplio consenso estas acotaciones temporales del Renacimiento en Polonia.

El primer periodo, que podemos calificar de prerrenacentista, arranca a mediados del siglo XV, cuando se producen las primeras muestras de interés entre los intelectuales por el desarrollo de la lengua polaca, como es el caso de Jakub Parkoszowicz, anteriormente mencionado, filólogo y rector de la Universidad de Cracovia, autor del primer tratado de ortografía polaca. Este periodo abarcaría hasta el año 1543, fecha de la publicación de la obra *Sobre las revoluciones de los orbes celestes* de Nicolás Copérnico. Es una etapa de afianzamiento de los mecenazgos que ejercen muchos nobles acaudalados y el propio rey Segismundo I el Viejo. Escritores y artistas en general se verán beneficiados de esta protección que permitirá introducir, desarrollar y expandir en territorio polaco los primeros ideales humanistas en las letras polacas, aún bajo el fuerte dominio del latín, como es el caso de la obra de los precursores literarios neolatinos (Grzegorz de Sanok, Konrad Celtis, Paweł de Krosno, Klemens Janicki y otros), algunos historiadores como Marcin Kromer y las crónicas de Jan Długosz y Jan Ostroróg. La lengua polaca se abre camino con dificultad, quedando reducida a un número muy escaso de composiciones originales en lengua vernácula, las traducciones y refundiciones hechas por Biernat de Lublin, Jan de Koszyczki y Marcin Bielski, algunas adaptaciones de obras picarescas de la literatura alemana y varias versiones polacas de textos religiosos (salmos, fragmentos de la Biblia y apócrifos, principalmente).

Entre 1543 y hasta 1572, año de la muerte de Segismundo II Augusto, el último de los reyes de la dinastía de los Jagellones, se desarrolla un segundo periodo de la literatura renacentista. A muchos de los autores en activo del periodo anterior se unen otros nuevos, más decididamente impregnados del espíritu humanista del Renacimiento, que toman conciencia de su individualidad y se decantan por la literatura comprometida y polémica, tanto de temas civiles como morales y religiosos: Andrzej Frycz-Modrzewski, Stanisław Orzechowski, Piotr Skarga, Łukasz Górnicki y Mikołaj Rej son algunas de las figuras —ya mencionadas anteriormente— más relevantes de este periodo. Es también el momento de partida del desarrollo del drama. Con anterioridad, un grupo teatral formado por estudiantes universitarios de Cracovia había representado para la Corte Real dramas neolatinos, sin embargo, fueron Mikołaj Rej con *Vida de José (Żywot Józefa)* (1545) y *El mercader (Kupiec)* (1549), y Marcin Bielski con su *Comedia de Justino y Constanza (Komedyja Justyna i Konstancyjej)* (1557) los que dieron los primeros pasos con acierto en el género dramático.

Entre 1572 y hasta 1590 tiene lugar el gran apogeo de la literatura renacentista en Polonia, que capitaliza la personalidad más relevante de la época: Jan Kochanowski. La lengua polaca, en pugna con el latín durante siglos, se impuso definitivamente con la publicación de los *Trenos*. La publicación en 1590 de un libro titulado *Centenar de rimas espirituales (Setnik rytmów duchownych),* cuyo autor es Sebastian Grabowiecki (1540-1607), supone el declive del pensamiento humanista y la génesis de la transición de la literatura polaca hacia la nueva corriente barroca.

Géneros literarios renacentistas

El Renacimiento repercutió en todos los ámbitos de la vida propiciando una transformación ideológica profunda y transcendental que trataba de establecer una nueva escala de valores a partir del estudio de la sabiduría clásica grecolatina y con la razón como fuente de conocimiento, convirtiendo al hombre en el centro del universo.

Los escritores —y artistas en general— comienzan a ser valorados por su dimensión intelectual y se enorgullecen de su obra creadora, lo que les hace abandonar el característico anonimato medieval. Y la consideración del valor de la obra creada no solo se basará en su utilidad, sino que tomará muy en consideración la belleza y armonía de su composición. Esto obligará a los autores a buscar nuevas formas de expresión que traerán como consecuencia la aparición de géneros y temas en la literatura hasta ahora inexistentes. El modelo de la Antigüedad implicará la recuperación para la literatura polaca de la poética clásica y su vieja división de géneros literarios, incorporados ahora como nuevos en las letras polacas: los géneros mayores, es decir, la lírica (las odas, elegías e himnos, principalmente), la épica (la epopeya) y el drama (la tragedia); y los géneros menores, es decir, los epigramas, la comedia y la farsa. El respeto a esta estricta clasificación de géneros literarios implicaba la imposibilidad de mezclarlos o combinarlos en una misma obra. Por otro lado, la nueva posición del hombre en el mundo hace que se añadan nuevos temas a la literatura polaca. Es el caso de la literatura panegírica, cuyo contenido gira siempre alrededor de los mecenas del arte y las letras, así como de los héroes, modelos de virtud y ejemplo de vida. También se incorpora la literatura parenética, con clara vocación educativa del espíritu del ciudadano y como ejemplo del recto comportamiento individual y civil, propagadora del nuevo ideal humanista del hombre. Además, se unen a la labor creadora muchos señores feudales que quieren dejar su huella literaria transmitiendo su armonía vital y ensalzando la vida nobiliaria en el campo, con el claro propósito de poner en valor el credo social y moral de su clase. Esta corriente, que podemos denominar literatura de la nobleza terrateniente[43], constituye un fenómeno significativo en la literatura polaca renacentista ya que contribuyó extraordinariamente a la mitificación social de la nobleza. En el ámbito de la lírica, los temas predominantes son la fortuna, la vida cortesana, el amor, la naturaleza y la muerte, asuntos que tratarán en sus versos, en mayor o menor grado, todos los poetas de la época.

Jan Kochanowski

Infancia y juventud temprana

La escasez de documentos que aporten datos fehacientes para la elaboración de una biografía detallada y documentada de Jan Kochanowski ha sido una constante que ha abocado a los estudiosos de su obra a tomar esta, y lo que en ella puede considerarse material autobiográfico, como fuente fidedigna de conocimiento de su vida. El pionero en esta labor fue Józef Przyborowski (1823-1896), filólogo que en 1857 publicó el estudio *Noticias sobre la vida y escritos de Jan Kochanowski (Wiadomości o życiu i pismach Jana Kochanowskiego),* así como también participó como coeditor de una edición de las *Obras completas de Jan Kochanowski (Dzieła wszystkie Jana Kochanowskiego),* publicada en cuatro tomos entre los años 1884 y 1897 con motivo del tricentenario de la muerte del poeta. Años más tarde se embarcó en la misma labor el también historiador de la literatura Roman Plenkiewicz (1833-1910), culminando en 1897 la monumental obra titulada *Jan Kochanowski, su linaje, su vida, su obra (Jan Kochanowski, jego ród, żywot i*

---

[43] Corriente denominada en polaco *literatura ziemiańska.* Alcanzará su mayor apogeo en el Barroco con la expansión de la teoría del origen sármata de la nobleza polaca y la concepción de Polonia como el pueblo elegido por Dios para defender la Cristiandad en los nuevos tiempos.

dzieła), una monografía en la que predomina más la leyenda que envolvía al personaje que la fidelidad a los datos biográficos documentados sobre el poeta.

Jan Kochanowski[44] nació en 1530 en Sycyna, cerca de la ciudad de Radom, donde su padre, Piotr (1485-1547), era dueño de considerables propiedades rurales en la región y ejercía de alguacil, aunque llegó a ser juez de la no muy lejana Sandomierz. Su madre, Anna Białaczowska (1507-1557), es retratada por sus contemporáneos como mujer tranquila y educada que dio a luz una docena de hijos —siete varones y cinco mujeres—, de los que Jan Kochanowski fue el segundo. Junto a él, dos hermanos más hicieron carrera literaria. Mikołaj Kochanowski (1533-1582) fue autor de un volumen titulado *Apelaciones a mis hijos (Rotuły do synów swych),* un testamento moral de carácter parenético en el que expone sus tesis éticas en verso a sus hijos. Fue publicado tres años después de su muerte por su viuda. También a él se debe una traducción al polaco de *Obras morales y de costumbres* o *Moralia* de Plutarco[45]. Por su parte, otro de los hermanos, Andrzej Kochanowski (1542-1596), tradujo al polaco la *Eneida* de Virgilio[46], considerada hasta hoy una de las mejores versiones realizadas. Todavía un tercer miembro de la familia Kochanowski alcanzó la fama como literato y traductor: Piotr Kochanowski, hijo de Mikołaj y sobrino de Jan, quien llegó a ser un afamado traductor gracias a sus versiones en polaco de las obras *Orlando furioso*[47] de Ludovico Ariosto

[44] También llamado Jan Kochanowski de Korwin, por pertenecer a la familia del noble escudo de armas de los Korwin o Corvinus. En los documentos oficiales y en las ediciones de sus obras escritas en latín suele aparecer con el nombre latino Ioannes Cochanovius.

[45] *Plutarchus, autor grecki, przełożony na język polski przez M. Kochanowskiego (Moralia),* Manuscrito inédito conservado en la Biblioteca Nacional de Polonia.

[46] Wergiliusz, *Aeneida. To jest o Aeneaszu Trojańskim ksiąg dwanaście,* Cracovia, 1590.

[47] *Orland szalony,* Cracovia, 1799.

(1474-1553) y *Jerusalén liberada*[48] de Torquato Tasso (1544-1595). No cabe duda de que la familia de los Kochanowski gozaba de talento literario, lo que nos hace presuponer, ya que no existen apenas datos de estos primeros años de infancia, que en aquel hogar predominaba un ambiente educado, amante de las letras y la cultura, lo que seguramente despertó los anhelos creadores de varios de los hermanos.

Muy poco es lo que se conoce de la infancia de Jan Kochanowski, aunque de sus escritos se infiere que estaba muy unido a su madre, de la que se sentía digno heredero de su carácter y fuerte personalidad. Distintas fuentes atribuyen a un maestro llamado Jan Sylwiusz de Czarnolas la educación que recibió en sus primeros años, transcurridos probablemente en casa, hasta tener la edad necesaria para asistir a la escuela del monasterio benedictino de Sieciechów —al que pertenecía el maestro Jan Sylwiusz— y a la escuela parroquial de Zwoleń. Apenas tenemos noticias documentadas de él hasta 1544, es decir, cuando contaba catorce años. Por diversas anotaciones en los libros de matrícula de la Universidad de Cracovia, sabemos que ingresó en ella y que debió permanecer allí hasta la muerte de su padre en 1547. Sin embargo, no hay constancia de que obtuviera título, diploma o certificación alguna que demostrara su aprovechamiento académico de los estudios allí realizados. Puede deducirse que la verdadera universidad de Jan Kochanowski en este tiempo fue la vida real y sus desafíos, recordados después en muchos de sus poemas mundanos, y que nos permiten inferir que lo prioritario para el joven poeta no era la adquisición de conocimientos académicos y científicos con los que abrirse camino en el futuro, sino más bien ejercitarse en el curso de la vida y sus delicias, aunque su extraordinaria capacidad intelectual sí le permitiera, con un esfuerzo contenido, adquirir grandes conocimientos y variadas destrezas con suma rapidez, sobre todo en lo vinculado al

---

[48] *Goffred abo Jeruzalem wyzwolona,* Cracovia, 1618.

estudio de las lenguas clásicas y las disciplinas propias de las humanidades. En estos años Jan Kochanowski conoce a importantes personalidades de la época y se relaciona con algunos de sus maestros universitarios, quienes, habiendo advertido en él una inteligencia privilegiada y un talento inusual para el estudio, no dudaron en abrirse a una amistad duradera más allá de las relaciones académicas entre maestro y discípulo. Prueba de ello es la famosa bagatela que Kochanowski dedicó al humanista español Pedro Ruiz de Moros, entonces profesor de Derecho Romano en la Universidad de Cracovia —conocido en Polonia como Piotr Roizjusz, el mismo al que también cantó Mikołaj Rej, como ya dijimos—. La bagatela relata la comprometida situación en la que pusieron al español, embriagándolo maliciosamente en algún momento de jovial enardecimiento universitario. El poema se titula *Sobre el doctor español (O doktorze Hiszpanie):*

Nuestro doctor nos deja, se retira a dormir.
    No quiere con nosotros a la cena acudir.
¡Dejémoslo tranquilo! Más tarde lo hallaremos
    entre sábanas blancas; mas nosotros ¡gocemos!
Al español vayamos acabada la cena.
    A fe que iremos todos, con una jarra llena.
«¡Doctor, amable amigo, venimos junto a ti!»
    El doctor no permite, pero la puerta sí.
«Un trago no molesta, que salud te dé Dios».
    Dijo el doctor: «Un trago, mas que no sean dos».
Del primero al noveno llegó con gran presteza.
    Pronto sintió los sesos rotar en su cabeza.
«Junto a estos caballeros mi cordura quebranto,
    pues vine a dormir sobrio, pero ebrio me levanto»[49].

(Trad. F.P.G.).

---

[49] Fernando Presa González, *Antología de la poesía polaca desde sus orígenes hasta la primera guerra mundial, op. cit.,* págs. 61-62. «Nasz dobry

Cracovia, Königsberg, Padua. El periodo paduano

La vida de Kochanowski es una incógnita desde 1547 —fecha de la muerte de su padre y, muy probablemente, de su finalización de la vida académica en Cracovia— hasta 1552 en que aparece inscrito en la Universidad de Padua. Un documento judicial fechado en 1550 lo sitúa ante un tribunal en Radom junto a su madre y hermano Kasper (1526-1576) para solucionar litigios relacionados con la herencia paterna, por lo que cabe deducir que regresó desde Italia a Polonia en ese año para atender este asunto legal. Muy probablemente, resueltos los temas judiciales y antes de regresar a Italia, el poeta permaneció en Königsberg[50], capital del Ducado de Prusia[51], entre 1551 y 1552, adonde regresaría años más tarde, entre 1555 y 1556, culminada su estancia en Italia. Esta información la aporta el filólogo Stanisław Kot en su ensayo *Viajes y estudios en el extranjero de Jan Kochanowski*[52] basándose en el contenido de la correspondencia intercambiada entre el poeta y el archiduque de Prusia, Albrecht Hohenzollern (1490-1568), mecenas de Kochanowski durante sus estudios en la Universidad de Königsberg y al que concedió una generosa asignación

doktor spać się od nas bierze, / Ani chce z nami doczekać wieczerze». / «Dajcie mu pokój! najdziem go w pościeli, / A sami przedsię bywajmy weseli!» / «Już po wieczerzy, pódźmy do Hiszpana!» / «Ba, wierę, pódźmy, ale nie bez dzbana». / «Puszczaj, doktorze, towarzyszu miły!» / Doktor nie puścił, ale drzwi puściły. / «Jedna nie wadzi, daj ci Boże zdrowie!» / «By jeno jedna» —doktor na to powie. / Od jednej przyszło aż więc do dziewiąci, / A doktorowi mózg się we łbie mąci. / «Trudny —powiada— mój rząd z tymi pany: / Szedłem spać trzeźwo, a wstanę pijany».

[50] *Pol.* Królewiec. Actual Kaliningrado (Rusia).

[51] Establecido como feudo de la corona de Polonia.

[52] «J. Kochanowskiego podróże i studia zagraniczne», en *Studia staropolski. Księga ku czci A. Brücknera,* Cracovia, 1928, págs. 404-417.

de cincuenta marcos de plata para su subsistencia. En Königsberg en aquellos años había una intensa actividad cultural. Se había convertido en el centro de las corrientes luteranas y, aunque de mayoría alemana, se acogió con agrado a la minoría polaca y lituana disidente del catolicismo oficial. Jan Kochanowski nunca renunció a su fe católica, pero sí cabe advertir que en estos años mostró simpatías por la Reforma religiosa luterana. Fue precisamente en Königsberg donde se imprimieron los primeros textos en polaco: cantos religiosos, catecismos y también traducciones de la Biblia. Cuando el duque de Prusia fundó su universidad en 1544 —denominada Universidad Albertina en su honor—, se convirtió en uno de los centros de difusión del protestantismo más importantes de Europa, pero también en uno de los núcleos más influyentes para la expansión del Humanismo. La segunda estancia de Jan Kochanowski en Königsberg, entre 1555 y 1556, está documentada en otra serie de cartas entre el poeta y el duque de Prusia. Según señala Stanisław Kot en el mencionado ensayo, Kochanowski le cuenta que ha permanecido en Italia estudiando durante tres años (es decir, entre 1552 y 1555) y que planea volver a Italia para continuar su formación académica. Según señala el profesor Henryk Barycz (1901-1994) en un revelador estudio sobre las estancias de Kochanowski en Italia[53], el primer viaje se desarrolló entre el verano de 1552 y mayo o junio de 1555, dando inicio al conocido como «periodo paduano» en la vida de Kochanowski. En este tiempo realizó estudios en la Universidad de Padua, tal y como lo atestigua la documentación que atribuye al poeta labores de «consejero de la nación polaca» en 1554, donde se ocupó de la defensa e independencia del grupo de estudiantes polacos frente al grupo alemán, al cual eran adscri-

53 «Padwa i czasy padewskie Jana Kochanowskiego», en *Spojrzenia w przeszłość polsko-włoską*, Ossolineum, Wrocław, 1965, págs. 196-256.

tos habitualmente los alumnos procedentes de Polonia. El segundo viaje de Kochanowski a Italia duró desde el mes de agosto de 1556 hasta principios de 1557, año en el que la muerte de la madre del poeta fue causa segura de que regresara a Polonia. Finalmente, habría efectuado un tercer viaje en el otoño de 1557, permaneciendo allí hasta finales de 1558 o principios de 1559. Durante este periodo, Kochanowski habría hecho una escapada a Francia, cesando con ella, definitivamente, la etapa de su vida de viajes al extranjero. Los estudios italianos del poeta habrían ocupado, pues, siete años de su vida —con algunas interrupciones— entre 1552 y 1559, si bien no hay constancia de que obtuviera título académico oficial alguno en los centros que visitó. Jadwiga Rytel comenta acerca de esta constante interrupción de los estudios de Jan Kochanowski:

> La fragmentación de estos estudios, la necesidad de regresar a Polonia y las repetidas partidas de Kochanowski no son fenómenos accidentales en la historia de las peregrinaciones polacas a Italia. Incluso para un noble relativamente rico, los estudios en el extranjero eran costosos y los 50 marcos prusianos del príncipe Alberto nos revelan los problemas económicos subyacentes y la necesidad de arreglar los medios que permitieran viajes académicos a los eruditos, cortesanos y poetas polacos. Kochanowski, antes de realizar sus sucesivas salidas al mundo, arrienda o empeña su parte de las propiedades a su tío y sus hermanos, para reunir los fondos necesarios. También los asuntos patrimoniales o familiares lo obligan a interrumpir tres veces sus estudios y regresar a Polonia en busca de un protector que le posibilite continuar con sus estudios[54] (trad. F.P.G.).

---

[54] Jadwiga Rytel, *Jan Kochanowski,* Varsovia, Wiedza Powszechna, 1967, pág. 67. «Fragmentaryczność tych studiów, konieczność powrotów do kraju i ponowne wyjazdy Kochanowskiego nie są zjawiskami przypadkowymi w dziejach polskich peregrynacji do Włoch. Nawet dla stosunkowo zamożnego szlachcica studia zagraniczne były kosztowne i

Padua era un destino bastante común entre los hijos de las familias nobles y aristocráticas polacas ya que era una ciudad floreciente, de bella arquitectura y rebosante de arte en sus plazas y edificios, además de contar con una centenaria universidad —fundada a principios del siglo XIII—, considerada una de las más prestigiosas de Europa. A juzgar por los nombres y dedicatorias que aparecen en las bagatelas de Kochanowski, cabe afirmar que el poeta contó con un buen número de amigos allí, tanto polacos[55] como italianos, con los que pudo saborear intensamente los encantos de la vida en Italia. El filólogo Stanisław Łempicki describe con elegante plasticidad que, en aquellos años, los jóvenes polacos en el extranjero

> [...] se matriculan masivamente en las universidades, estudian con ahínco o sin él, leen autores clásicos, poesía italiana y escritos de «herejes», aprueban exámenes, se pelean (sobre todo con «naciones» extranjeras), beben (con todo el mundo), aman (especialmente a las mujeres italianas)[56] (trad. F.P.G.).

---

owe 50 marek pruskiej monety od księcia Albrechta odsłania nam podszewkę ekonomicznych kłopotów i potrzebę przygotowań umożliwiających naukowe podróże polskim scholarom, dworzanom, poetom. Kochanowski przed kolejnymi wyprawami w świat wydzierżawia lub zastawia swoją część majątku stryjowi i braciom gromadząc potrzebne fundusze. Sprawy majątkowe lub rodzinne zmuszają go też do trzykrotnego przerywania studiów i powrotu do kraju w poszukiwaniu protektora, który by umożliwił ich kontynuację».

[55] Entre ellos, futuros eminentes escritores e intelectuales como Łukasz Górnicki, Andrzej Trzecieski (*c.* 1530-1584) y Andrzej Patrycy Nidecki (1522-1587).

[56] Stanisław Łempicki, *Renesans i humanizm w Polsce. Materiały do studiów,* Varsovia, Czytelnik, 1952, pág. 153. «Polacy za granicą na uniwersytety wpisują się nieraz kupą, studiują pilnie lub niepilnie, rozczytują się w klasycznych autorach, we włoskiej poezji i pismach "heretyków", zdają egzaminy, biją się (zwłaszcza z "nacjami" obcymi), piją (z wszystkimi), kochają się (szczególnie we Włoszkach)».

Pero la estancia de Kochanowski en Padua no tuvo solo carácter jovial y estudiantil, sino que también fue una escuela de vida que le abrió el camino a los estudios humanísticos, especialmente los de carácter filológico y filosófico, los cuales siempre lo acompañarán, ideológica y literariamente, durante el resto de su vida. La presencia en aquella universidad de grandes maestros de la literatura grecolatina y del pensamiento filosófico le influyeron decisivamente a la hora de configurar su poética y su moral[57]. En estos años, Kochanowski leía a los clásicos en lenguas originales, especialmente a Homero, lo que se refleja en sus elegías latinas, plagadas de presencias de los clásicos.

No está muy claro si Kochanowski pudo mantener también en este tiempo una de sus primeras aventuras amorosas con una mujer llamada Lidia (Lidya), la cual aparece en reiteradas ocasiones en su poesía latina como destinataria de sus poemas. Ya que la retórica del juego amoroso era muy común en la poesía renacentista, ante la carencia de pruebas documentales, son muchas las dudas acerca de la existencia de la tal Lidia[58], o si se trata de un personaje literario al que el poeta dirige sus sentimientos como mero juego retórico. Lo cierto es que Kochanowski la evoca repetidamente y la considera su musa en estos años.

La presencia de Kochanowski en Padua no fue constante, sino que viajó por Italia con reiteración. Venecia, Roma

---

[57] Recibió clases, entre otros, del eminente erudito Francesco Robortello (1516-1567), gran estudioso de algunas de las principales obras de la Antigüedad clásica y a quien Kochanowski debía su conocimiento de la literatura griega.

[58] Tadeusz Ulewicz señala en su interesante trabajo titulado «Tras las huellas de Lidia de Padua» que tras el pseudónimo de Lidia está la famosa actriz de la comedia del arte italiana llamada Vicenza Armani (1530-1569), conocida en la época como «la Divina Armani» («Na śladach Lidii padewskiej (Nowa możliwość i próba rozwiązania zagadki)», *Munera Litteraria. Księga ku czci profesora Romana Pollaka,* edición de Z. Szweykowski *et al.,* Poznań, 1962, págs. 291-303.)

y Nápoles fueron algunos de los lugares en los que disfrutó de visitas prolongadas llenas de actividad académica, cultural y social. Durante su tercera estancia en Padua llegó incluso a Francia, vía Marsella, desde donde se trasladó a París para reencontrarse con algunos de sus viejos amigos, no solo polacos, sino también franceses, los cuales cursaban estudios en la Universidad de Padua y lo habrían animado a conocer la capital francesa. Allí tuvo ocasión de conocer al gran sonetista francés Pierre de Ronsard (1524-1585), integrante principal del grupo de siete poetas y amantes de la cultura grecolatina llamado La Pléyade[59]. Kochanowski plasmó numerosas muestras poéticas de aquellas vivencias en Francia, de entre las que destaca el poema latino compuesto en 1559 *He visto a Ronsard (Ronsardum vidi).* Según se deduce del contenido de una de sus elegías[60], Kochanowski debió realizar este viaje por Francia en compañía de un amigo identificado por Stanisław Kot[61] como el poeta, filólogo y humanista flamenco Karl von Utenhove (1536-1600). Este viaje a Francia le aportará a Kochanowski no solo un conocimiento académico y cultural extraordinario, sino que también le abrió las puertas a la poesía francesa escrita en lengua vernácula, algo que será determinante en su obra ya que, a partir de este momento, Kochanowski comenzará a utilizar cada vez más frecuentemente el polaco como lengua de creación poética, firmemente decidido a conferir a su lengua materna en Polonia un esplendor literario semejante al que gozaba el idioma francés en Francia.

[59] El nombre proviene del homónimo famoso cúmulo de estrellas también conocido como las siete hermanas cósmicas. Junto a Pierre de Ronsard, conformaban el grupo Joachim Du Bellay (1522-1560), Antoine de Baïf (1532-1589), Rémy Belleau (1528-1577), Étienne Jodelle (1522-1573), Pontus de Tyard (1521-1605) y Jean Dorat (1508-1588).

[60] Elegía VIII, *Libro III,* «Estás tan lejos de nuestras tierras, Carol...» («Tam longe distas a nostris, Carole, terris...).

[61] «J. Kochanowskiego podróże i studia zagraniczne», *op. cit.,* páginas 404-417.

Pero esto no significó que Kochanowski desterrara el latín. De hecho, escribió en esta lengua durante toda su vida, aunque limitando progresivamente su uso[62]. Él mismo se iba a ocupar muchos años más tarde de recopilar su creación neolatina y preparar su publicación, aunque la muerte lo sorprendió en plena labor y otros fueron los que la culminaron en el mismo año de su desaparición. Pudo, sin embargo, ver editado su *Libro de poesía lírica (Lyricorum libellus),* publicado en Cracovia en 1580, en el que incluyó obras escritas desde su juventud hasta la edad madura —como *A Enrique de Valois (Ad Henricum Valesium)* y otras—. No fue así con la publicación de *Elegías (Elegiarum)* y *Foricoenia o Libro de epigramas (Foricoenia sive Epigrammatum libellus),* salidos de la imprenta póstumamente en Cracovia

[62] Claudio Guillén en su libro *Entre lo uno y lo diverso. Introducción a la literatura comparada (Ayer y hoy)* (Barcelona, Tusquets, 2005, págs. 314-315) pone a Jan Kochanowski como ejemplo de escritor bilingüe: «Cada lengua poseía sus esquemas propios, *two separate sets of conventions,* como la elegía romana (Tibulo) y el soneto amoroso (Petrarca), y determinados estilos. Pero además, explica Weintraub, el yo ficticio del poema, o *persona,* que condiciona y encauza la escritura, no tiende a ser el mismo: «el poeta latino tiende a contemplar el mundo con ojos diferentes que el polaco, y expresa opiniones que están en conflicto con las dichas en polaco». En latín el poeta, más ligero, más lúdico, se dirige, apoyándose en situaciones arquetípicas, a un público de conocedores. En polaco el poeta cultiva, para un auditorio más amplio, un petrarquismo idealizante; pero también se ocupa de asuntos religiosos —traduce unos Salmos— y cívicos. En polaco, cada expresión feliz es poco menos que un descubrimiento suyo. En latín tiene a su disposición un acervo de fórmulas y adjetivaciones, de colores, luces y sombras que le ayudan a ver las cosas y los seres. Pero en polaco debe contar con su propia capacidad de observación, que según Weintraub es más bien escasa». El trabajo de Wiktor Weintraub al que se refiere Claudio Guillén es el titulado «The Latin and the Polish Kochanowski: The two Faces of A Poet», *Proceedings V,* 1969, págs. 663-670, recogido en su versión polaca con el título «Polski i łaciński Kochanowski. Dwa oblicza poety» [«El Kochanowski polaco y el latino. Las dos caras del poeta»] en un volumen recopilatorio de estudios del propio Weintraub dedicados a Kochanowski y titulado *Rzecz czarnoleska,* Cracovia, Wydawnictwo Literackie, 1977, págs. 211-235.

en 1584, semanas después de su muerte. El volumen *Elegías* recoge la mayor parte de su obra de juventud, aunque las versiones no siempre son las primeras ya que Kochanowski las revisó y reelaboró en ocasiones para esta edición. Las elegías de la época de su estancia en Padua son mayormente de carácter erótico y están dirigidas —o tienen como asunto— a la casi desconocida amante, llamada convencionalmente Lidia. Junto a ellas, encontramos también poemas dedicados a amigos, a compañeros paduanos, así como panegíricos y exaltaciones del rey Segismundo II Augusto a su regreso de la expedición a Livonia en 1558, en la que obligó a la Orden Teutónica de aquel territorio histórico a ponerse del lado polaco-lituano en su conflicto con Rusia, anexionándolo después a Polonia en 1561. El volumen *Foricoenia* contiene epigramas latinos escritos a lo largo de toda la vida del poeta y en los que reelabora motivos propios de la epigramática grecorromana. Kochanowski emplea en toda su obra neolatina diversas formas métricas procedentes de la poesía romana, las cuales imitó con gran maestría. Pero no se limitó a una mera transposición métrica, sino que adoptó también los registros de expresiones y los mismos motivos que podemos hallar en las obras de Tibulo, Propercio y Catulo, entre otros. Precisamente de esta época data su primer poema conocido, incluido después en el volumen *Foricoenia*. Se trata del texto latino *Epitafio a Kretkowski (Epitaphium Cretcovii)*, nueve versos dedicados al diplomático polaco Erazm Kretkowski (1508-1558), muerto y enterrado en Padua y en cuya lápida fue grabado el epitafio. También en estos años escribe Kochanowski su primera composición conocida en lengua polaca —la cual cabe considerar precedente de los *Trenos*—, un epicedio titulado *A la muerte de Jan Tarnowski*[63]

[63] Relevante noble y militar polaco que, entre otros muchos cargos, tuvo los de *hetman* de la Corona polaca desde 1527 y gobernador de Cracovia desde 1536. Alcanzó la fama no solo como caudillo militar y

(O śmierci Jana Tarnowskiego), publicado en Cracovia en 1561, poema fiel al canon de la poesía fúnebre renacentista, que ensalza las virtudes y gestas del difunto —entre las que destaca la moderación vital y el servicio a la patria— y anuncia el consuelo que supone una futura vida eterna carente de todo sufrimiento.

La vida estudiantil y viajera de Jan Kochanowski llega a su fin en 1559, cuando es citado para resolver asuntos relacionados con las propiedades familiares. Está documentado que el día dos de julio de ese año hace acto de presencia, junto a sus hermanos, ante el Tribunal de Justicia de Radom para proceder al reparto de la herencia paterna. Al poeta, entre otras propiedades, le correspondió la hacienda rural de Czarnolas, en el centro-este de la región de Mazovia, a unos cien kilómetros al sur de Varsovia, en la que no tardaría en establecerse el ya noble terrateniente Jan Kochanowski de Korwin. Sin embargo, de su obra se deduce que la decisión del poeta no fue ni fácil ni rápida. Existe un vacío notable de su actividad en estos meses posteriores al reparto de la herencia, pues debía adoptar alguna postura definitiva en relación con su futuro vital que fuera conforme a su condición social.

A la sombra de grandes dignidades. La década en la Corte

En la Polonia del Renacimiento, era costumbre que los jóvenes bien formados desempeñaran durante algún tiempo labores como secretarios o bibliotecarios en la residencia de algún aristócrata, alguna dignidad del clero o en la propia Corte Real, en el mejor de los casos. Sin embargo, Kochanowski carecía de títulos universitarios que le propor-

---

victorioso estratega en numerosas batallas, sino también como teórico del arte de la guerra, de lo que dejó constancia en su obra *Consejo de la razón de la guerra (Consilium rationis bellicae)* (1558).

cionaran un reconocimiento oficial, pues sus estudios, aunque intensos y del mayor nivel académico, habían sido dispersos y fragmentarios, y nunca llegó a recibir el título de doctor que le hubiera franqueado muchas puertas. Durante unos diez años, el llamado «periodo cortesano», desempeña funciones administrativas esporádicas al servicio de diferentes magnates. Aunque son muy escasas las noticias que se tienen de su actividad en estos años, está documentado que en 1562 estaba a las órdenes de Filip Padniewski (1510-1572), vicecanciller real y más tarde obispo de Cracovia, y que en 1563 trabajó al servicio de Jan Firlej (1521-1574), mariscal real y futuro alcalde de Cracovia. La llegada del año 1564 supuso para Jan Kochanowski la conquista de una mayor estabilidad gracias a la protección que le brindó Piotr Myszkowski (1510-1591), vicecanciller de la Corte Real y futuro obispo de Płock y de Cracovia, quien le abrió las puertas para ejercer en ella como secretario al servicio del rey Segismundo II Augusto al tiempo que, como era costumbre en la época, recibió órdenes menores y pudo ejercer como párroco en Poznań y en Zwoleń sustituyendo al vicario, aunque sin desempeñar, claro está, funciones pastorales. Años más tarde, cuando quiso casarse, hubo de renunciar a su beneficio eclesiástico.

La influencia que pudiera ejercer su mecenas y protector, Piotr Myszkowski, para la asignación de este puesto se hallaba respaldada por la extraordinaria formación humanística y filológica del joven Jan Kochanowski, así como su relevante notoriedad como poeta en los círculos más distinguidos. En estos años Kochanowski participa activamente en la vida cortesana y entabla relación con los principales personajes de la época, hombres de estado, diplomáticos, científicos, académicos y artistas, tanto polacos como extranjeros residentes o de paso por Polonia. Y aunque no son muchos los datos que se tienen de su vida en la Corte, por el contenido de algunos de sus poemas se infiere que en 1568 participó en una expedición militar a Moscú, dirigida personalmente por el monarca Segismundo II Augusto, y al año siguiente, en 1569, estuvo presente en la firma de la Unión de Lublin. Los abundantes epigramas escritos por Kochanowski en estos años prueban la intensa vida que llevó en todos los órdenes y nos describen multitud de situaciones autobiográficas a partir de las cuales cabe imaginar al poeta en la bulliciosa corte renacentista entregado a los placeres no solo del mundo y la carne, sino también del saber y las artes. A esta época pertenecen algunas de sus más celebradas creaciones poéticas. Es el caso del poema *Susana (Zuzanna)* (1562), basado en la historia de la bella Susana, esposa de Joaquín, recogida en el Antiguo Testamento y narrada en el Libro de Daniel[64]. También destaca el poema *Ajedrez*[65] *(Szachy)* (1564), creación humorística en la que se mezcla lo heroico y lo cómico, cuya acción se ubica en la Corte Real de Dinamarca y trata de dos jóvenes rivales que se disputan la mano de una hermosa princesa. Mención especial merece el texto *Sátiro o El hombre salvaje (Satyr albo Dziki mąż)* (1564), poema en el que su protagonista, Sátiro, simboliza las buenas y ancestrales costumbres abandonadas por sus contemporáneos a causa de la soberbia y la avaricia. Critica la vida ostentosa de la nobleza y la negligencia en el cumplimiento de sus obligaciones ciudadanas, lo que provoca una irremediable decadencia del Estado. Reprocha también el progresivo proceso de destrucción de los bosques polacos a causa de la avaricia de unos pocos que se enriquecen con un desmedido desarrollo económico. La educación y formación de los jóvenes es también analizada por Kochanowski en este poema. Partidario de una sólida financiación de la Universidad de Cracovia que permita dotarla de buenos medios y exce-

---

[64] Dn 13.

[65] Inspirado en el poema mitológico titulado *El juego de ajedrez (Scacchia ludus),* del italiano Marco Girolamo Vida (1485-1566), y que trata de una partida de ajedrez entre Apolo y Mercurio.

lente profesorado, acusa a quienes envían a sus hijos a estudiar al extranjero de dejar su dinero en universidades foráneas. En la misma línea de análisis de la situación sociopolítica de Polonia escribe Kochanowski el poema *Concordia (Zgoda)* (1564), en el que recrimina a quienes propician conflictos y enfrentamientos religiosos de perjudicar gravemente la fortaleza del Estado. De espíritu irenista, el clero católico es aquí diana de sus ataques, sobre todo por su vida ligera, su apego a los bienes materiales y el abandono de sus funciones predicadoras. Por otro lado, culpa a los protestantes polacos de demagogia, de tendencia a la discusión inútil y de falta de iniciativas sólidas para la instauración de una única iglesia protestante nacional. En 1569 compone otro relevante poema en su obra literaria: *El pendón o El homenaje prusiano (Proporzec albo Hołd Pruski),* el cual presenta dos partes, al igual que caras tenía el pendón que presidió el acto en el que el príncipe de Prusia reconocía la soberanía de la corona polaca en aquellas tierras: una cara o parte trata de las relaciones polaco-lituanas con los caballeros teutones y la otra narra la historia de los pueblos eslavos, para terminar con una serie de invocaciones al rey. Aún en estos años escribe el poema *Hadas (Wróżki)* (1587), un diálogo en prosa entre un párroco y un terrateniente sobre los diversos males que surgen en la nueva sociedad. En la conversación se critica, particularmente, el desmesurado egoísmo y el generalizado abandono de las virtudes morales, al tiempo que se advierte de los graves peligros en que se encontraría Polonia si esta perdiera su independencia política.

Mención aparte merece uno de los textos más relevantes de estos años: el tratado metaliterario en verso de 1567 titulado *Musa (Muza),* expresión decidida de la conciencia que Kochanowski tenía como creador y de su concepción de esta figura como un nuevo elemento que se incorpora a la literatura encarnando los ideales de fama y virtud. A modo de manifiesto poético, expresa su orgullo por poseer la capacidad de crear de manera personal, conscientemente individual:

> Yo canto para mí y para las Musas.
> Porque ¿quién en la tierra
> Su corazón querría solazar con mis cantos?[66].

(Trad. F.P.G.).

El nombramiento como obispo de Płock de su amigo y protector Piotr Myszkowski en 1570 —lo que supuso, por tanto, su salida de la Corte Real— debieron producir a Kochanowski una gran desilusión, pues no tardaría más que unas semanas en abandonarla también él y renunciar así a la carrera cortesana, a todos sus privilegios y toda su fastuosidad. Sin embargo, nunca permaneció aislado de la vida pública de Polonia. Desde su retiro rural, rodeado de familia y amigos, participó en los agitados acontecimientos de la política polaca tras la muerte en 1572 de Segismundo II Augusto y el problema generado por su relevo en el trono, al carecer de descendencia. Fueron meses llenos de luchas intestinas entre facciones políticas e intereses por el control del poder que terminaron con la instauración de un sistema de monarquía electiva que llevó al francés Enrique de Valois[67] al trono polaco el 16 de mayo de 1573. Está documentada la presencia de Kochanowski en Cracovia durante varios meses del año 1574, con motivo de la coronación del rey electo, y su muy probable participación en el comité de organización de los actos de recibimiento[68], entre otras cosas con la composición del poema latino *Al*

---

66 «Sobie śpiewam a Muzom. / Bo kto jest na ziemi / Co serce ucieszyć chciał pieśni memi?».

67 En polaco Henryk Walezy (1551-1589). En 1575 fue coronado como Enrique III de Francia, después de huir de Polonia y abandonar su trono en 1574.

68 Así lo afirma Jadwiga Rytel en *Jan Kochanowski, op. cit.*, pág. 99.

rey Valois en su llegada a Cracovia (Valesium Regem Cracoviam Venientem), dedicado al nuevo monarca[69], y el epigrama titulado *En el Águila (In Aquilam)*[70], expuesto sobre la puerta triunfal de entrada a la residencia real.

Jan Kochanowski en Czarnolas.
El esplendor literario del infortunio

El año 1575 será decisivo para Jan Kochanowski ya que su vida da un giro radical: abandona definitivamente la Corte y se asienta en su hacienda de la aldea de Czarnolas, iniciándose así su tercer y último periodo vital y creador. También en este año de 1575 —en los primeros meses, aunque la fecha no es del todo segura— contrae matrimonio con una dama llamada Dorota Podlodowska, de la que son escasos y dudosos los datos biográficos existentes. Nacida alrededor del año 1555, era hija de Stanisław Lupa Podlodowski, un noble terrateniente de Sandomierz. Kochanowski llegó a tener con ella siete hijos: Urszula, Hanna, Ewa, Poliksena, Elżbieta, Krystyna y Jan. Poco más se sabe de su vida, salvo que debió morir a finales de 1599 o principios de 1600. A juzgar por algunos de sus poemas, la vida matrimonial del poeta fue feliz. El ambiente hogareño y familiar en la hacienda y su entrega a las labores de jardinería y horticultura le producían gran placer, hasta el punto de no aceptar nuevas invitaciones de la Corte para volver

---

69 «La ciudad entera se desborda mientras te saluda, gran rey, / Mientras el pueblo, mientras los senadores, mientras los caballeros te aplauden [...]» (Urbs effusa omnis dum te, rex magne, salutat, / Dum plebs, dum patres, dum tibi plaudet eques [...]).

70 «Madre de la adivinación, reina de las aves errantes, / ¿Qué auguran los lirios nacidos de tu corazón? Auguran / Que Sarmacia va a florecer siendo Enrique su rey [...]» (Augurii mater, volucrum regina vagarum, / Corde enata tuo quid spondent lilia? Spondent / Sarmatiam Henrico florentem rege futuram).

a la vida pública y social, salvo contadas excepciones de compromisos con viejos amigos. También es esta una etapa de creatividad intensa. En la paz y el sosiego de la vida retirada, Kochanowski dedica buena parte de su tiempo a reorganizar su obra de años atrás y compilarla para su publicación. La obra latina —elegías y epigramas, fundamentalmente— aparecerá publicada en 1584, en Cracovia, en la Imprenta de Lázaro, bajo el título *Elegias. El mismo Foricoenia o Libro de epigramas (Elegiarvm. Eivsdem Foricoenia siue Epigrammatum libellus),* mientras que su creación en lengua polaca irá editándose sucesivamente a lo largo de estos años de vida del poeta en su hacienda de Czarnolas: *El despido de los emisarios griegos (Odprawa posłów greckich)* en 1578, *Salterio de David (Psałterz Dawidowy)* en 1579 y *Trenos (Treny)* en 1580. Los volúmenes *Bagatelas (Fraszki)* y *Cantos (Pieśni),* publicados en 1584 y 1586 respectivamente, aunque preparados para su edición por el poeta, vieron la luz ya póstumamente.

El despido de los emisarios griegos de Jan Kochanowski es la obra más relevante del incipiente género dramático en el Renacimiento polaco. Con anterioridad, un grupo teatral formado por estudiantes universitarios de Cracovia había representado para la Corte algunos dramas neolatinos, como los titulados *La prudencia de Ulises en la adversidad (Ulyssis prudentia in adversis),* en 1516, y *Juicio de Paris (Iudiciun Paridis),* en 1522, este último salido de la pluma del alemán Jakob Locher (1471-1528), cuya traducción al polaco apareció publicada en 1542 con el título *Juicio de Paris, príncipe de Troya (Sąd Parysa, królewica trojańskiego).*

Los primeros pasos del drama polaco, sin embargo, los dio Mikołaj Rej, autor, entre otras, de las obras *Vida de José, de ascendencia judía, hijo de Jacob, dividida en conversaciones de personas, la cual contiene muchas virtudes y encierra buenas costumbres (Żywot Józefa z pokolenia żydowskiego, syna Jakubowego, rozdzielony w rozmowach person, który w sobie wiele cnót i dobrych obyczajów zamyka)* (1545) y *El mercader o Forma y parecido del Divino Juicio Final (Kupiec, to jest Kształt a podobieństwo Sądu Bożego Ostatecznego)* (1549). En la primera, *Vida de José,* obra dedicada a Izabella, reina de Hungría e hija del rey Segismundo I el Viejo, y siguiendo el relato bíblico y el modelo de la obra del flamenco Cornelius Crocus *(c.* 1500-1550) *Comedia sacra titulada José (Comoedia sacra, cui titulus Ioseph)* (1536), nos ofrece diferentes ejemplos didácticos y moralizadores a partir de la vida virtuosa del protagonista. La obra reúne elementos del misterio medieval, de la comedia y de la literatura apológica, mezcla intencional que simboliza el destino cambiante del hombre. La segunda obra de Rej, *El mercader,* es una reelaboración de la obra *Otra tragedia nueva El mercader o El Juicio (Tragoedia alia nova Mercator seu Judicium),* escrita por el luterano alemán Thomas Naogeorgus (1508-1563). Este drama didáctico-moral escrito en verso, de ideas anticatólicas, nos muestra cómo la fe, por sí misma, nos puede salvar de la condena eterna. En ella, un pecador, el mercader, es juzgado tras su muerte junto a un grupo de representantes del poder terrenal de la política y el clero: un príncipe, un obispo y un prior franciscano. Los últimos alegan, para su salvación, sus muchas buenas acciones, sus piadosas obras para la gloria de Dios, la construcción de iglesias y conventos, e incluso la posesión de indulgencias papales. Sin embargo, la escasa fe que tienen no les hace dignos de la salvación. Por el contrario, el mercader, hombre mentiroso y usurero durante toda su vida, incapaz de alegar alguna buena acción, es hombre de fe profunda, lo que le lleva a alcanzar la salvación de su alma.

De autor anónimo es la obra parenética *Tragedia de mendicantes (Tragedia żebracza),* conservada solo fragmentariamente en un texto de 1552, aunque conocida por su traducción al checo de 1573. La acción transcurre en la ciudad polaca de Częstochowa, donde un grupo de mendigos decide dar una paliza a un comerciante que les había insultado, el cual después presenta sus quejas al decano de los mendigos.

Junto a Rej, otro de los nombres que contribuyó decisivamente al desarrollo del género dramático en polaco es Marcin Bielski, autor de la *Comedia de Justino y Constanza (Komedyja Justyna i Konstancyjej)* (1557), nombres simbólicos de ambas virtudes: la justicia y la constancia. La obra tiene como argumento la muerte de un pecador que lucha por la salvación de su alma y el destino de sus hijos. Aunque persisten en esta obra elementos típicos de la representación escénica medieval, como los personajes alegóricos (Amor, Mundo, Trabajo, Fe, Tiempo, etc.), también refleja un espíritu crítico, satírico y, en gran medida, moralista sobre la sociedad de la época, algo propio del Humanismo renacentista.

La dramaturgia renacentista alcanza su cima en 1578 con la obra de Jan Kochanowski titulada *El despido de los emisarios griegos*[71]. Esta tragedia, primera y única que se escribió en Polonia durante el Renacimiento conforme al modelo griego (unidad de lugar, de tiempo y de acción, un reducido número de personajes y un coro que desempeña el papel de la opinión pública), fue representada el 12 de enero de 1578 ante el rey Esteban Batory (r. 1576-1586) con motivo de la boda del magnate Jan Zamoyski (1542-1605) con Krystyna Radziwiłłówna (1560-1580). Inspirada en el tercer canto de la *Ilíada,* Kochanowski llega a utilizar en su composición hasta siete tipos de versificación, pero su aportación métrica más importante la realiza en el tercer *stasimon* del coro, en donde incorpora el verso blanco. La obra, a pesar de estar inspirada en el poema épico de Homero, es de gran originalidad, valor artístico y transcen-

[71] En 1962 se compuso una versión operística de esta obra con música de Witold Rudziński y libreto de Bogdan Ostromecki. Fue estrenada en 1966 en el Teatro «Juliusz Słowacki» de Cracovia bajo la dirección escénica de Lidia Zamkow y musical de Kazimierz Korda.

Jan Kochanowski, xilografía de Aleksander Regulski (1839-1884) a partir de un dibujo de Józef Buchbinder (1839-1909).

dencia literaria. Tiene como escenario la Corte de Príamo, último rey de Troya, donde su hijo, Paris, mantiene secuestrada a la bella Helena, a la que raptó en Esparta. A Troya llegan los emisarios griegos Menelao y Ulises, que exigen la liberación de Helena. Príamo, incapaz de tomar una decisión por sí mismo, convoca al Consejo Real, el cual termina por dividirse en dos bandos. Uno, el encabezado por Iketaon, apoya al príncipe Paris, quien desea retener a toda costa a Helena, sin dudar en recurrir a la mentira, el soborno y la intriga. El otro está encabezado por Antenor, personaje que simboliza el amor a la patria, a la que, alegando argumentos dictados por la conciencia y el sentido de la justicia, desea salvar de una guerra injusta e innecesaria. Pero el consejo, sobornado por Paris, decide apoyar al príncipe. Los emisarios griegos regresan sin Helena y los troyanos inician los preparativos para una guerra inevitable.

El despido de los emisarios griegos es una obra cuyo contenido alcanza una dimensión universal bajo la premisa erasmista de la responsabilidad que tienen ante Dios, por la sociedad que les ha sido confiada, quienes gobiernan, si bien su verdadero escenario es la Polonia del siglo XVI. El mensaje de Kochanowski, que advierte del peligro que supone para los pueblos la anteposición de los intereses particulares a los de las naciones, y de que tales actitudes egoístas han culminado, a menudo, con el hundimiento de los estados, está dirigido a los gobernantes y a la nación de Polonia. Previene también a los mandatarios de que, aunque no haya quien juzgue sus acciones en el mundo terrenal, al final de sus días les espera, como a todos, el juicio de Dios, ante el que habrán de responder por sus actos. Denuncia también cómo la carencia de solidez moral de los regentes los aboca a la corrupción y la traición, a la celebración de debates donde la demagogia impera sobre el sentido común y donde los intereses políticos particulares se imponen sobre los generales, la justicia y la moral. Por otro lado, resulta muy evidente que Kochanowski quiso reflejar en su tragedia no solo la situación de la Polonia de la época, sino también advertir a la nación polaca y sus gobernantes de las ansias expansionistas de Moscú sobre Polonia.

Aunque Kochanowski trabajó durante varios años en la traducción al polaco del *Salterio de David,* no fue hasta el año 1579 cuando vio la luz en Cracovia en la Imprenta de Lázaro. Sabemos de esta larga y minuciosa preparación, entre otras fuentes, por una carta del poeta, fechada en 1571, a Stanisław Fogelweder (1525-1603), secretario del rey Segismundo II Augusto, en la que le cuenta que está trabajando en la traducción al polaco del *Salterio de David* y que ya son treinta los salmos que tiene elaborados, de lo que se deduce que la traducción le llevó, al menos, ocho años. El *Salterio* contiene ciento cincuenta salmos estructurados en cinco libros. En ellos encontramos a un mismo sujeto lírico, David, a quien se nos presenta en diferentes facetas siguiendo una estructura cíclica: el rey, el caudillo, el infeliz padre del rebelde Absalón —su tercer hijo—, el victorioso y, finalmente, el pecador y penitente. Subyacente a todas estas caras del rey David hay siempre una, la del David poeta, que se extiende al conjunto de la obra. Kochanowski no quiso delimitar la personalidad poética de David a un ciclo de salmos, sino ampliar su influencia a la totalidad mediante un elevado tono de expresión lírica, patente en sus diferentes estados anímicos (el amor, la victoria, la desesperanza, el arrepentimiento, etc.). Desde el punto de vista de su contenido, podemos estructurarlos en siete grandes grupos: salmos de adoración a Dios, de acción de gracias, suplicantes, dogmáticos, penitenciales, mesiánicos e históricos. Los salmos de contenido suplicante —correspondientes a los números 6, 32, 38, 51, 102, 130 y 143— aparecieron publicados en el mismo año 1579 como obra independiente con el título *Siete salmos penitentes (Siedem psalmów pokutnych).*

Para la elaboración de su *Salterio de David* —y ya que no tenemos noticia de que Kochanowski conociera la lengua hebrea— se basó, muy probablemente, en la Vulgata del siglo IV, elaborada en su mayor parte por san Jerónimo (331-420) por encargo del papa Dámaso I (366-384) dos años antes de su muerte. Lo que sí sabemos es que conocía perfectamente las traducciones de estos salmos al polaco precedentes[72], en las cuales debió apoyarse para su versión.

La principal intención que tenía Kochanowski con esta paráfrasis en verso de los salmos era la de ofrecer un texto que fuera aceptado por todas las confesiones cristianas. La visión del Dios del Antiguo Testamento, severo y que atemoriza a los hombres, es rechazada por Kochanowski, que nos presenta una imagen antropomórfica de Dios, cercana a la de Cristo en el Nuevo Testamento. El Dios de Kochanowski es, pues, un Dios misericordioso. Para ello se sirve el poeta muy especialmente del epíteto, con el fin de humanizar su imagen. Entre los más emotivos podemos enumerar: Dios misericordioso *(Boże litościwy),* Dios inconmensurable *(Boże niezmierzony),* Señor eterno *(wieczny Panie),* Padre misericordioso *(Ojcze litościwy),* Defensor nuestro eterno *(wieczny nasz Obrońca)* y Rey *(Król).* La nueva imagen que Kochanowski ofreció de Dios en su versión polaca de los salmos hizo que esta obra gozara de una extraordinaria popularidad y que fuera aceptada tanto por católicos como por protestantes. Tal fue así que el más famoso músico polaco del siglo XVI, Mikołaj Gomółka *(c.* 1535-*c.* 1591), llegó a ponerles música[73] en 1580, convirtiéndose desde aquel momento y durante los siglos posteriores en salmos cantados por los fieles en las iglesias católicas, protestantes y ortodoxas de Polonia. Relevante en ellos es la falta de culto a la Madre de Dios. La religiosidad de Kochanowski, síntesis de diversas creencias y aglutinadora de sistemas filosóficos

---

72 Entre ellas, las de Walenty Wróbel *(c.* 1475-1537) de 1539, Mikołaj Rej de 1545, Jakub Lubelczyk (m. 1564) de 1558 y Jan Leopolita (1523-1572) de 1561.

73 *Melodías para el Salterio polaco (Melodiae na Psałterz polski).*

y teológicos, está centrada en su concepción de Dios como fundamento esencial en el que el hombre encuentra el sentido de su existencia en su vida temporal y un modelo de organización y estabilidad en medio del caos universal humano.

La alegría de Jan Kochanowski por la publicación del *Salterio de David* se vio pronto empañada por la muerte, en el mismo año de 1579, de su hija Úrsula, de dos años y medio de edad. Esta muerte vino a ahondar en el duelo del poeta por otra desgracia familiar ocurrida tres años antes: la muerte de su hermano mayor Kasper (1526-1576), también escritor, y a quien Jan Kochanowski dedicó un epitafio de cuatro versos:

Epitafio a Kasper Kochanowski, escritor de Sandomierz

Aquí yacen los huesos de Kasper Kochanowski,
Caballero de vasta dignidad y virtudes.
Que lo lloren la viuda y los huérfanos tristes,
Pues murió quien de vuestro cuidado se ocupaba[74].

(Trad. F.P.G.).

Sumido en un profundo sufrimiento por la pérdida de su hija, el poeta buscará consuelo en la creación poética con la composición de la más excelsa de sus obras, *Trenos (Treny)* (1580). La supuesta paz y vida idílica de Jan Kochanowski en la hacienda de Czarnolas se verá de nuevo truncada por una tercera desgracia que el destino asestará al poeta. Su segunda hija, Ana, murió al poco tiempo, proba-

---

[74] Jan Kochanowski, *Dzieła Polskie,* ed. Jan Lorentowicz, t. II, pág. 156, Varsovia, 1919. «Epitaphium Kaspra Kochanowskiego, pisarza Sendomierskiego. Kaspra Kochanowskiego tu schowano kości, / Człowieka cnoty wielkiej, i wielkiej godności. / Płaczcie ubogie wdowy, i smętne sieroty, / Umarł ten, co na pieczy wasze miał kłopoty». Sandomierz es una histórica ciudad ubicada en el sudeste de Polonia.

blemente en el mismo año 1580, unas semanas después de nacer y a escasos meses de la muerte de su hermana Úrsula, mientras el poeta preparaba la segunda edición de *Trenos*. Para inmortalizarla junto a su hermana Úrsula, Kochanowski añadió, como colofón a esta segunda edición de 1583, un epitafio[75] dedicado a ella en el que se duele por este nuevo desgarro.

Aún dos libros más de gran relevancia —*Bagatelas (Fraszki)* y *Cantos (Pieśni)*—, serán publicados en la cracoviana Imprenta de Lázaro, aunque ya póstumamente. Kochanowski venía trabajando en su compilación desde hacía algunos años en Czarnolas, pero su repentina muerte el 22 de agosto de 1584 le impidió verlos editados. Un fatal ataque al corazón acabó con la vida del poeta mientras se encontraba en la ciudad de Lublin, a la que había acudido para pedir justicia al rey, durante una sesión de la Dieta, por el asesinato de su cuñado, Jakub Podlodowski, mientras se dirigía a Turquía para comprar caballos para las cuadras reales. Así lo atestigua Joachim Bielski (1540-1599) en su *Crónica* de 1597: «En esta convocatoria, en Lublin, murió Jan Kochanowski, de escudo de armas Korwin, un poeta polaco como nunca lo ha habido en Polonia, ni es de esperar que haya otro igual»[76].

Su cuerpo, por expreso deseo del poeta en vida, fue trasladado y enterrado en la iglesia de Zwoleń[77], localidad en la

---

[75] Incorporado en nuestra edición de *Trenos*.

[76] *Kronica Polska Marcina Bielskiego nowo przez Joachima Bielskiego syna jego wydana* (Cracovia, 1597), pág. 797. Se trata de la reedición actualizada de la obra de su padre, Marcin Bielski, de 1551 titulada *Crónica de todo el mundo (Kronika wszystkiego świata)*. «Na tejże konwocacyjej w Lublinie umarł Jan Kochanowski, herbu Korwin, poeta taki polski, jaki w Polszcze jeszcze nie był, ani się takiego drugiego spodziewać można».

[77] Una cripta familiar del templo acoge sus restos desde entonces, a pocos kilómetros de Czarnolas, donde actualmente se encuentra un museo dedicado al poeta.

que en su infancia había cursado los primeros estudios y en la que más tarde llegó a ejercer como párroco.

El primero de los libros póstumos mencionados, *Bagatelas*[78], fue publicado en 1584, el mismo año de la muerte de Kochanowski. Aunque escritas, principalmente, durante el tiempo de su estancia en la Corte Real, sabemos que cultivó este tipo de composiciones a lo largo de toda su vida. Se trata, en general, de textos breves en verso, de concisa construcción, cuyo contenido desarrolla una anécdota o motivo circunstancial, a menudo de carácter jocoso, en ocasiones frívolo, que nos recuerda el tono del poema burlesco y del epigrama, pero con un sentido más amplio.

Las *Bagatelas* son resultado de la reflexión de Kochanowski tras largos años de observación y experiencia personal en la Corte Real, la Dieta, sus viajes, la vida en el campo y la ciudad. Es, podemos decir, la poesía de la cotidianidad. Generalmente tienen un destinatario concreto que puede ser real, ficticio o alegórico. Las encontramos de carácter descriptivo, lírico y dramático —reconstruyen un diálogo—. El protagonista es el propio Kochanowski, quien se vale de sus bagatelas para introducir elementos autobiográficos y reflexiones metaliterarias acerca de su quehacer lírico y del género mismo. También expone en ellas gran parte de sus ideas sobre el mundo y sus imperfecciones, sobre la presencia de la tristeza en la vida humana y sobre Dios, del que el poeta tiene un concepto humanizado y al que considera compasivo y guardián del hombre, juicios muy alejados del Dios que premia y castiga.

Formalmente, la dimensión de estas composiciones puede variar. Las trescientas composiciones que contiene la obra *Bagatelas* oscilan entre los dos versos de la titulada

---

[78] *Fraszki*. El vocablo *fraszka* procede de la lengua italiana: es una adaptación de *frasca,* que en italiano significa «rama» y en español «hojarasca, ramulla de los árboles». Su plural en polaco es *fraszki* y en italiano *frasche,* con el significado de «bagatelas» o «menudencias».

A Mateo (Na Mateusza) hasta los treinta y seis de *Sobre los libros de Lázaro (O Łazarzowych księgach),* aunque la construcción que predomina es la estrofa de cuatro versos isosilábicos.

Los asuntos abordados en las bagatelas son tan variados y amplios como miradas dirige el poeta al mundo y hacia su interior. Las hay autotemáticas[79], en las que defiende Kochanowski la idea de que sus bagatelas no solo son un nuevo modelo poético, sino también una nueva forma de entender y reflejar la existencia y la realidad. De carácter plenamente renacentista, introducen en la poesía los temas de la vida cotidiana, con sus alegrías y tristezas, con su realismo y su autobiografismo. En la titulada *Sobre la vida humana (O żywocie ludzkim)* Kochanowski afirma:

> Todo son bagatelas, todo lo que pensamos,
> Todo son bagatelas, cualquier cosa que hagamos[80].
>
> (Trad. F.P.G.).

No son pocas las bagatelas de asunto religioso en las que no duda en ridiculizar la falsa devoción y el abandono por parte de los sacerdotes[81] de sus responsabilidades. También las hay filosóficas[82] y que tratan de la vida del hombre, que compara con un teatro de marionetas. Proclaman la fugacidad de la vida, determinada por la muerte, y la ironía de la existencia de un Dios que observa cómo los hombres se obstinan en vivir absortos en sus preocupaciones. En ellas

---

[79] P. ej.: *A las bagatelas (Do fraszek)* y *Sobre las bagatelas (O fraszkach).*

[80] «Fraszki to wszystko, cokolwiek myślimy, / Fraszki to wszystko, cokolwiek czynimy».

[81] P. ej.: *A una beata (Na nabożną), Al emisario papal (Na posła papieskiego), Sobre un capellán (O kapelanie), Sobre un predicador (O kaznodziei).*

[82] P. ej.: *Sobre los placeres (O rozkoszy)* y el ciclo *Sobre la vida humana (O żywocie ludzkim).*

encontramos a un Kochanowski que se nos muestra tendente al estoicismo y partidario del equilibrio que proporciona la *aureas mediocritas*.

Escritas con jocosidad encontramos diversas bagatelas funerarias[83] que demuestran que para Kochanowski la muerte también puede ser tomada con cierta ligereza y sentido del humor. De patrióticas[84] podrían ser calificadas las pocas que tienen como protagonistas a los héroes del pasado, y de costumbristas[85] las que, con carácter satírico y crítico, dirige contra determinadas conductas sociales, así como funciones administrativas y del clero, instituciones estatales y religiosas. Kochanowski se burla de ellas, las ridiculiza, pero sin hacer referencia a personajes concretos.

Los líos de alcoba que los polacos protagonizaban en la época son reflejados en las bagatelas picarescas[86] y los placeres de la bebida y sus excesos en las bagatelas báquicas[87]. Abundantes son las bagatelas amorosas y eróticas[88], en las que canta los profundos sentimientos que provoca la belleza y sensualidad del cuerpo femenino.

Finalmente, para el conocimiento de la vida del poeta son muy relevantes las autobiográficas[89], pues nos permiten conocer no solo sus estados de ánimo, sino también sus viajes, sus estudios, su paso por la Corte Real, su vida tran-

---

[83] P. ej.: *Epitafio para una mujerona borracha (Nagrobek opiłej babie)* y *Epitafio a un caballo (Nagrobek koniowi)*.

[84] P. ej.: *A las tumbas de Sokal (Na sokalskie mogiły)*.

[85] P. ej.: *Sobre sus rimas (O swych rymiech)* y *A una beata (Na nabożną)*.

[86] P. ej.: *Sobre un ama de casa (O gospodyniej)* y *Sobre el divorcio (O rozwodzie)*.

[87] P. ej.: *Tras los borrachos (Za pijanicami)* y *Sobre un noble polaco (O ślachcicu polskim), Sobre el doctor español (O doktorze Hiszpanie)*.

[88] P. ej.: *Sobre el amor (O miłości), A una muchacha (Do dziewki), A Ana (Do Hanny), A Jadwiga (Do Jadwigi)* y *A Magdalena (Do Magdaleny)*.

[89] P. ej.: *A las montañas y los bosques (Do gór i lasów), Al tilo (Na lipę)* y *A la casa en Czarnolas (Na dom w Czarnolesie)*.

quila en el campo, en plena naturaleza, cuya armonía le proporciona las condiciones necesarias para la creación artística. Se trata de bagatelas que sintetizan los ideales del hombre renacentista: una conciencia tranquila, una manifiesta cordialidad con los demás, la práctica de buenas costumbres y el deseo de mantener la salud mediante la moderación en los placeres.

El segundo de los libros póstumos de Jan Kochanowski es el titulado, *Cantos* (1586), obra que, como *Bagatelas,* fue escrita por el poeta a lo largo de toda su vida. Considerados estos *Cantos* como el origen de la poesía lírica en Polonia, el término polaco *pieśń* (canto) fue introducido por Kochanowski en la literatura polaca como síntesis de la tradición de la poesía mélica y el *carmen* latino horaciano. El canto es una creación escrita de estilo elevado, que refleja el optimismo del hombre renacentista que quiere alcanzar la felicidad en la vida terrenal y describe, con realismo, el mundo que lo rodea. Puede admitir la jocosidad, pero no la frivolidad. En contraposición a la tradición medieval del anonimato del creador artístico, los *Cantos* de Kochanowski subrayan el carácter individual del autor, la plenitud de la personalidad del poeta, que se expresa mediante un lenguaje artístico preciso y rico en variedad de formas rítmicas y metros (principalmente pentasílabos, heptasílabos, endecasílabos y tetradecasílabos). La estrofa preferida del poeta es la sáfica, y en cuanto a su contenido, los temas de los *Cantos* se centran en seis grandes núcleos temáticos. El primero de ellos es la relación del hombre con la felicidad, cuya dimensión de grandeza se mide por su respeto a unos valores éticos determinados: la honradez, el valor, la razón y el afán de servicio a la patria y a la sociedad. Su fundamento filosófico es una síntesis de elementos tomados del epicureísmo, del estoicismo y del cristianismo. El camino hacia la felicidad es la moderación. El individuo moderado, que no se deja dominar por las pasiones, que actúa según las leyes de la razón y los principios de la ética, que no sucumbe a los arrebatos emocionales ante los cambios del destino, alcanza la felicidad en la vida terrenal. La naturaleza, libro supremo del saber, enseña al hombre a aceptar la buena y la mala suerte. La felicidad es, pues, sinónimo de equilibrio y tranquilidad de conciencia. La *aureas mediocritas* se alcanza mediante la fe en la bondad de Dios y no en el padecimiento de estados anímicos contrapuestos. La vida terrenal es algo pasajero, por eso el hombre debe gozar de la existencia —motivo del *carpe diem*— y aprovechar los placeres que esta le brinda, como la cocina, el vino, la música o la poesía.

El segundo gran asunto de los *Cantos* es la concepción de la belleza como elemento decisivo en la conquista humana de la felicidad. Si el hombre debe procurar cultivar la belleza interior —es decir, las virtudes morales y la ética—, no menos exigente ha de ser con la belleza exterior, la cual se aprende directamente de la observación de la naturaleza y la armonía con que coexisten todos los elementos del universo, de los cuales forma parte el hombre, quien debe regirse según las leyes de la naturaleza. El culto a la amistad es también para Kochanowski una forma de belleza interior. Al igual que los diferentes elementos naturales conviven en armonía, el hombre debe cultivar la concordia entre los suyos mediante la amistad. El canto que mejor refleja este pensamiento es el XXV *(¿Qué quieres de nosotros, Señor, a cambio de Tus generosos dones?)*[90], verdadero himno a la belleza del universo y al perfecto equilibrio establecido por Dios, algo que el hombre debe alabar. Dios es el artista impar, pues su obra es la expresión de la belleza suprema, algo que una institución humana —y por esta condición, limitada— como la Iglesia no puede abarcar. Así lo afirma el poeta en este *Canto,* también conocido escuetamente como *Himno:*

---

[90] *Czego chcesz od nas, Panie, za Twe hojne dary?*

¿Qué quieres de nosotros, Señor, a cambio de Tus generosos dones?
¿Qué quieres a cambio de tu benevolencia sin medida?
La iglesia no te abarca, pues Tú lo llenas todo:
Los abismos, el mar, la tierra, el firmamento[91].

(Trad. F.P.G.).

La naturaleza, tercer gran tema de los *Cantos,* es presentada por Kochanowski como el modelo de armonía a imitar por el hombre y el medio ideal para la integración perfecta de este en el equilibrio establecido por Dios. La naturaleza tiene sus ciclos establecidos en las sucesivas estaciones (primavera, verano, otoño e invierno), que se corresponden con las etapas de la vida humana (infancia, juventud, madurez y vejez). Por otro lado, al igual que en la naturaleza los momentos de placidez coexisten con los de convulsión (la calma y la tempestad, la calidez del sol y la frialdad de la helada, la mansedumbre de los ríos y la ferocidad de las inundaciones y las sequías, etc.), en la existencia humana acaecen alternativamente la fortuna y la desgracia (la alegría y la tristeza, el placer y el dolor, la serenidad y la ira, etc.). Pero la naturaleza, a diferencia del hombre, al estar gobernada por un principio supremo de equilibrio, siempre recobra el sosiego. Por eso el hombre debe aprender a dominar sus estados anímicos extremos y procurar alcanzar la paz interior mediante la observación e imitación de la naturaleza.

Kochanowski introduce en la literatura polaca un cuarto tema que transita por la mayoría de los cantos: el amor y su tratamiento a partir de la expresión de los sentimientos del

[91] *Conf.* Fernando Presa González, *Antología de la poesía polaca desde sus orígenes hasta la primera guerra mundial, op. cit.*, págs. 67-68. «Czego chcesz od nas, Panie, za Twe hojne dary? / Czego za dobrodziejstwa, którym nie masz miary? / Kościół Cię nie ogarnie, wszędy pełno Ciebie: / I w otchłaniach, i w morzu, na ziemi, na niebie».

amante, algo aprendido de los poetas petrarquistas italianos. En el canto XXI *(Siento severas cadenas en mi corazón)*[92] el poeta se confiesa enamorado, embriagado de felicidad y deslumbrado por la belleza de su amada. Sin embargo, en términos generales, antepone los valores espirituales de la mujer a la belleza física.

En quinto lugar, hay que atender al concepto de Dios que aparece en los *Cantos*. Sin duda, Kochanowski tiene un sentido panteísta, pues Dios se muestra en cada manifestación de la naturaleza, es el principio del equilibrio. Pero es también el Creador de infinita bondad bajo cuyas alas protectoras desea estar el hombre, una criatura susceptible a los designios de la diosa Fortuna. El talento artístico es, precisamente, una forma de explicación del privilegiado lugar en el que Dios ha puesto al hombre en el universo[93].

Finalmente, el sexto tema que Kochanowski aborda en sus *Cantos* es el del servicio a la patria durante los tiempos de paz, calificada como una de las virtudes más encomiables del hombre, porque durante la guerra deja de ser virtud para transformarse en obligación irrenunciable. Aunque el tema histórico y patriótico no está muy representado en general, cabe destacar dos cantos: el V *(Eterna infamia e irreparado / daño ¡oh, polaco!)*[94], composición en la que escribe sobre la invasión tártara de 1575, y el XIII *(Oh, bella noche, más que de costumbre en esta época)*[95], en el que se refiere a las guerras ruso-polacas.

Existe aún un texto digno de mención, el cual apareció publicado en el mismo volumen que los *Cantos* en 1579, si bien se trata de una composición independiente. Su título es *Canto de la Fiesta de la Noche de san Juan (Pieśń Świętojańska*

---

92 *Srogie łańcuchy w swym sercu czuję.*

93 P. ej.: *¿Quién me dio alas? (Kto mi dał skrzydła?), Obsequiado con una excepcional y nada vulgar pluma (Niezwykłym i nie lada piórem opatrzony).*

94 *Wieczna sromota i nienagrodzona / szkoda, Polaku!*

95 *O piękna nocy nad zwyczaj tych czasów.*

o Sobótce), doce canciones —entendidas como odas o poemas líricos— que otras tantas doncellas entonan con motivo de la onomástica de Jan Kochanowski. Reunidas alrededor del fuego, en la propia hacienda del poeta, cantan canciones de inspiración popular y ambientación petrarquista, fusionando elementos de la tradición antigua y renacentista con otros procedentes del folclore popular polaco. Los motivos principales son la alegre vida en el campo, el amor, las costumbres, el baile, la música, el sentido de esfuerzo del hombre por la existencia y su bondad e inocencia innatas. Con este texto, próximo al idilio del género bucólico y pastoril, Kochanowski ensalza la felicidad de la vida campestre, la belleza de las costumbres rurales, la sensación de bienestar que la vida en el campo proporciona al hombre, el valor de la autosuficiencia gracias a la tierra y la posibilidad que ofrece de equilibrio entre el goce de los placeres mundanos y la consecución del perfeccionamiento espiritual.

Los «Trenos»

El género del elogio fúnebre

La muerte en 1579 de la hija mayor de Jan Kochanowski, Úrsula, a la edad de dos años y medio[96], inspiró al desconsolado poeta la composición del ciclo fúnebre titulado *Trenos,* su más eximia obra poética y una de las más cons-

---

[96] La fecha exacta de la muerte de la niña es desconocida hasta la actualidad, aunque algunos investigadores (J. Ziomek, *Renesans,* págs. 318) apuntan a las últimas semanas de 1579. Se basan para ello en el hecho de que Jan Kochanowski alude al profundo sufrimiento que está padeciendo en una carta dirigida a Jan Zamojski (1542-1605) —relevante magnate polaco en el campo de la política y la diplomacia, las cuales ejerció con astucia y en los más importantes puestos—, fechada en Czarnolas el día 14 de enero de 1580. Se interpreta que el sufrimiento de Kochanowski podría deberse al duelo por la reciente muerte de la pequeña Úrsula.

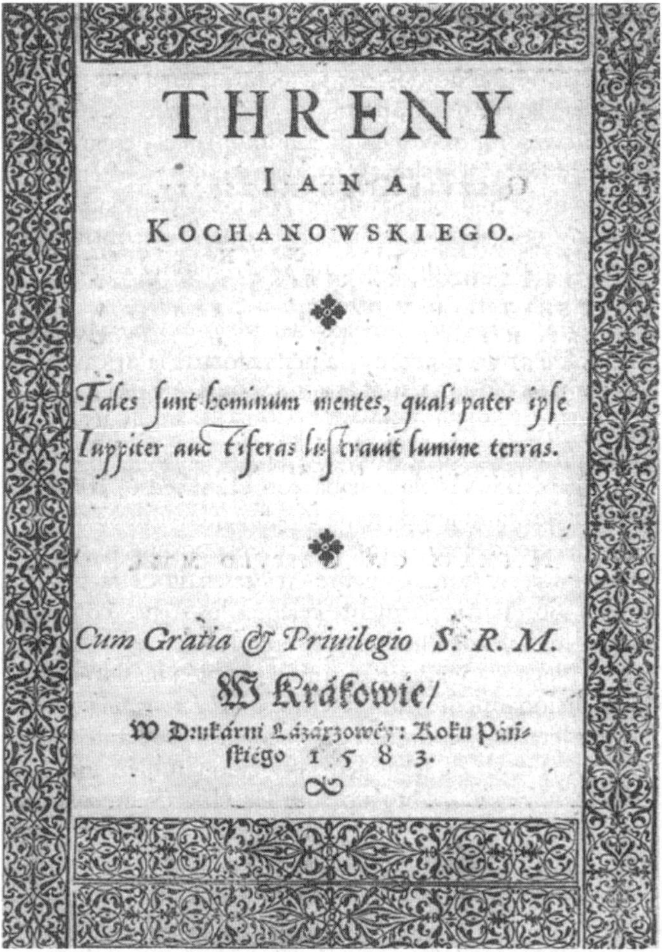

THRENY

IANA

KOCHANOWSKIEGO.

Tales ſunt hominum mentes, quali pater ipſe
Iuppiter auctiferas luſtrauit lumine terras.

Cum Gratia & Priuilegio S. R. M.

W Krákowie/

W Drukárni Lázárzowéy: Roku Páń-
ſkiego 1583.

Portada de la edición de *Trenos* (1583).

picuas de la literatura polaca; sin duda, la más relevante en Polonia hasta la aparición de los grandes poetas del Romanticismo. Publicados por primera vez en 1580 en Cracovia, en la famosa Imprenta de Lázaro, *Trenos* contiene diecinueve composiciones que testimonian el desgarro vital provocado por el dolor de un padre que se enfrenta a la pérdida de su hija, pero también reflejan la crisis latente del Humanismo y la decadencia en la que se encontraba inmerso el pensamiento renacentista en Polonia a finales del siglo XVI.

El término treno[97] proviene del griego *thrênos* y designa un tipo de canto fúnebre o lamentación de la lírica griega. En la poesía latina recibió el nombre de *threnus*. El treno, en su origen, estaba destinado a ser entonado por un coro con acompañamiento musical y en ausencia del fallecido. Genéricamente se relacionaba con el epicedio, composición poética también de tema fúnebre, pero que se diferenciaba del treno, entre otros elementos, porque se recitaba durante la ceremonia fúnebre en presencia de la persona muerta. Son particularmente célebres los trenos compuestos por los griegos Píndaro y Simónides de Ceos, y los romanos Nevio y Ovidio. El término también ha sido utilizado tradicionalmente para referirse a las *Lamentaciones* del profeta Jeremías, conjunto de cinco elegías o cantos fúnebres por la caída de Jerusalén, conocido también como los *Trenos de Jeremías*. Pero no solo los clásicos grecolatinos sirvieron de inspiración a Kochanowski. Hubo otros precedentes literarios que sin duda tuvo en mente, como el *planctus* medieval polaco *Lamentos de la Madre de Dios bajo la Cruz*, el *Soneto a Laura* de Francesco Petrarca, los *Versos yámbicos (Versus jambici)* de Giovanni Pontano (1426-1503) y el soneto *A la muerte de María (Sur la mort de Marie)* de Pierre de Ronsard, todos ellos bien conocidos

97 En polaco *tren;* su plural es *treny*.

por el poeta. Aunque fiel al espíritu conceptual del género en la Antigüedad clásica, Jan Kochanowski introdujo profundas innovaciones en la poesía fúnebre. La tradición establecía que los destinatarios debían ser hombres de estado, mecenas o artistas de reconocido prestigio social. Pero Kochanowski rompe con esa tradición y, con excepcional genialidad innovadora, sin parangón en la lírica fúnebre, convierte a su pequeña hija Úrsula en la protagonista de sus *Trenos.* Esto supone una desviación radical de las reglas de la poética renacentista, cuya poesía fúnebre estaba destinada a reyes, gobernantes, grandes héroes y talentos extraordinarios, nunca a personas comunes y menos aún a niños, salvo hijos de reyes o de grandes magnates.

En cuanto a su construcción, el modelo clásico de los tres personajes que aparecían en el epicedio —el difunto, un familiar y una tercera persona que pronuncia las alabanzas— queda aquí reducido a dos: Úrsula (la niña muerta) y Jan Kochanowski (el padre y poeta que le canta), aunque se podría entender que este sintetiza los dos últimos papeles. Además, la tradición establecía que el poema debía presentar una estructura dividida en cinco partes claramente definidas: el *exordium,* preámbulo en el que se explica la causa del sufrimiento y que trata de atraer la atención y preparar el ánimo de los oyentes; la *laudatio,* donde se elogian las grandes virtudes que poseía la persona fallecida y la gran pérdida que supone su muerte; la *comploratio,* donde se expresa el duelo en una entonación colectiva de la pena y el dolor que acarrea la pérdida; la *consolatio,* que expresa la evolución hacia una posterior manifestación de consuelo; y la *exhortatio,* un tipo de instrucción moral que expresa la resignación y aceptación de la ineluctable desgracia acontecida. Sin embargo, Kochanowski en sus *Trenos* se aparta de la tradición y prepara no un poema, sino un ciclo completo integrado por diecinueve composiciones que reflejan, fundamentalmente, la evolución de los sentimientos de un padre que acaba de perder a su amada hija. La obra se inicia con un texto retórico en el que realiza invocaciones al filósofo griego Heráclito, quien representa la actitud pesimista de la existencia humana, y al poeta griego Simónides, magistral creador de poesía fúnebre (treno I). A partir de aquí, Kochanowski nos conduce por un torrente de sentimientos, recuerdos y reflexiones que transitan por la atmósfera de tristeza que invade todo en su vida (treno II), la añoranza constante de los momentos vividos con la pequeña Úrsula (treno III), el lamento del padre inconsolable por la pérdida de su hija (trenos IV, V y VI), el recuerdo y la descripción física de la pequeña y sus virtudes (treno VII), su cortés e inmejorable comportamiento con sus padres y con todos a su alrededor (treno VIII), la reflexión sobre la tristeza y el intento del padre de dominar el sentimiento de dolor (treno IX), el conmovedor apóstrofe de la niña muerta (treno X), la reflexión del poeta sobre los hechos y las dudas crecientes que se le plantean (treno XI), la falta de esperanza que asola al padre (treno XII), el sentimiento de dolor eterno que padece el poeta (treno XIII), la intensidad de su añoranza, comparable solo con la de Orfeo (treno XIV), la tragedia acaecida, comparable a la de Niobe con sus hijos (treno XV), el sentimiento de destrucción personal que le produce la infelicidad (treno XVI), la victoria de la resignación cristiana sobre el dolor y la búsqueda de consuelo en la clemencia de Dios (treno XVII), la súplica de misericordia divina (treno XVIII) y, finalmente, la llegada del alivio gracias a la visión poética de su propia madre, quien le anuncia al poeta que su pequeña Úrsula es ahora feliz allí donde está, goza de paz espiritual y se encuentra liberada de todo sufrimiento. La madre le aconseja sobrellevar con entereza y dignidad las adversidades de la vida y le da la clave en una sentencia ciceroniana que es, a su vez, el mensaje último y global de toda la obra: afrontar humanamente las vicisitudes humanas (treno XIX).

Los *Trenos* giran en torno a tres figuras principales: la niña, la muerte y el narrador. Para presentarnos a la pequeña Úrsula, Kochanowski se sirve de bellas metáforas, tiernos epítetos, etopeyas y prosopopeyas, y nos la describe, a lo largo de todas las composiciones, como una niña devota, modesta, sensible, alegre, simpática, educada, amante de sus padres y portadora de grandes cualidades artísticas en ciernes. La imagen de la muerte evoluciona a lo largo de los diferentes trenos. En el treno I es una bestia, un dragón devorador de polluelos. En los trenos II y V aparece como Proserpina, la diosa de los infiernos y madre de las Furias. En los trenos IV, VII y XIII el poeta se dirige a la muerte para recriminarle su alteración de las leyes de la naturaleza, que establecen que los padres han de morir antes que sus hijos. En el treno XIX, el último, la muerte adquiere un sentido afín con el pensamiento cristiano y es aceptada por el poeta como el principio del camino hacia un mundo mejor, lo que sirve de consuelo al poeta. El narrador, por su parte, se nos presenta en sus diferentes facetas: el poeta (trenos I-II), el padre (trenos III-VII), el sabio (IX-XI), el hombre ante Dios (XVII-XVIII), el soñador (XIX).

Kochanowski alcanza con los *Trenos* la expresión lírica más intensa del Renacimiento literario polaco. Para lograr esa aparente facilidad de combinación de obra artística y expresión sentimental que tanto conmueve al lector y despierta en él su conmiseración, el poeta mezcla alusiones mitológicas a Proserpina, Perséfone, Plutón, Heráclito, Orfeo, Niobe, etc. con motivos íntimos de la vida familiar, cotidianos en cualquier hogar y en cualquier época, universales y atemporales. Describe escenas de juegos de la niña, exalta como cualquier padre su inteligencia y su ingenio, describe su alegría vital, nos habla de las esperanzas que tiene depositadas en su hija, del amor de la madre y de la armonía de una familia que vive en la felicidad (trenos VI, VII, VIII). Pero también expresa la añoranza, la desesperación, la injusticia del destino y de la fortuna, y su impotencia frente a los misterios de la existencia, incluso su rebeldía frente a los designios de Dios (trenos IX, X, XI, XVI). Su esquema de valores y creencias se viene abajo ante la tragedia sufrida. El único consuelo que le queda al poeta es la memoria, el recuerdo. Y el paso del tiempo como la única medicina que le puede ayudar a paliar el sufrimiento (trenos II, VII, VIII, XII, XIV, XVI). Finalmente, en el treno XIX —*El sueño (Sen)*— manifiesta su sumisión a Dios y la consideración del dolor como un elemento consustancial a la existencia del hombre.

Hay que advertir que los *Trenos* no son solo un hermoso llanto por la pérdida de una hija, sino que también representan la crisis ideológica que sufre el poeta, víctima del espíritu de decadencia en el que ha comenzado a sumirse el pensamiento humanista, y que anuncia la llegada del espíritu barroco. La filosofía del estoicismo, que había enseñado al hombre renacentista a mantener la paz interior durante los momentos más desgraciados de la vida, colisiona con el sentimiento personal y con la filosofía optimista de la armónica perfección del universo, si bien el humanismo maduro de Kochanowski lo abocará a determinar, finalmente, que todas las experiencias enriquecen al hombre, convirtiendo los *Trenos* en un obra que sintetiza el sentido humanista de la vida humana con la fe cristiana y el triunfo de la esperanza y la resignación.

Estilísticamente, Kochanowski realizó importantes innovaciones métricas en su búsqueda del equivalente en la lengua polaca al dístico elegíaco clásico, que combina un hexámetro y un pentámetro. Sin embargo, el elevado número de composiciones construidas en verso tridecasílabo y alejandrino francés —conocido por Kochanowski, probablemente, durante su estancia en París y su relación con los poetas de La Pléyade— nos lleva a pensar que este metro le pareció el más adecuado. La mayoría de los poemas son estíquicos, si bien el poeta introduce tres nuevas formas métricas desconocidas en la lengua polaca hasta ahora: el tridecasílabo compuesto de 8 + 5 (en el treno VI), el tridecasílabo compuesto de 7 + 6 (lo encontramos en todos los trenos excepto en el I, VI, VII, XVI, XVII y XVIII) y el dodecasílabo compuesto de 7 + 5 (en el treno I). La construcción estrófica aparece tan solo en cuatro trenos: el VII, escrito en dísticos de endecasílabos y heptasílabos (11A, 7b); el XVI, construido en estrofas sáficas (11A, 11A, 11B, 5b); el XVII, formado por estrofas de cuatro octosílabos (8a, 8a, 8b, 8b); y el XVIII, escrito en estrofas de cuatro versos, de los cuales el primero y el cuarto son endecasílabos y el segundo y tercero heptasílabos (11A, 7a, 7b, 11B).

Interpretación y análisis de las composiciones

Epígrafe y dedicatoria

La obra se inicia con un epígrafe procedente de la *Odisea* de Homero en traducción de Cicerón cuyos versos menciona san Agustín en su obra *La ciudad de Dios:* «Tales son las voluntades de los hombres, cuales son las influencias que al mismo padre Júpiter le parece enviar sobre la tierra»[98]. Ho-

[98] San Agustín cita estos mismos versos en su obra *La ciudad de Dios*. Indica que proceden de Homero y que fueron traducidos al latín por Cicerón. Escribe san Agustín: «Porque, en efecto, al que quieren le llevan suavemente los hados, y al que se resiste, por fuerza. Apoyan también esta sentencia aquellos versos de Homero, que Cicerón puso en idioma latino, y dicen: Tales son las voluntades de los hombres, cuales son las influencias que al mismo padre Júpiter le parece enviar sobre la tierra» *(La ciudad de Dios,* traducción de José Cayetano Díaz de Beyral, Madrid, Apostolado de la Prensa, 1929, pág. 203). El origen de la sentencia sería, pues, el párrafo de la *Odisea* al que alude el obispo de Hipona y que reza: «Mientras los dioses le prestan virtud y sus rodillas son ágiles, cree que nunca en el futuro va a recibir desgracias; pero cuando los dioses felices le otorgan miserias, incluso estas tiene que soportarlas con ánimo paciente contra su voluntad. Pues el pensamiento de los hombres terrenos cambia con cada día que nos trae el padre de hombres y dioses» *(Odisea,* traducción de José Luis Calvo, Madrid, Cátedra, Letras Universales, 62, 2006, págs. 309-310).

mero creía que el destino humano dependía exclusivamente de los dioses, por eso Kochanowski, colocando estas palabras al frente de su obra, las hace suyas como manifestación inequívoca de la crisis de fe religiosa que está sufriendo y de su ruptura con el pensamiento estoico.

Precede al texto poético la dedicatoria, en la que el poeta presenta a los lectores a la destinataria de sus versos, su hija Úrsula, desconocida entonces para casi todos, justificando así el motivo por el que tanto se lamenta de su pérdida. Kochanowski aprovecha esta dedicatoria para realizar un breve retrato las muchas virtudes de la pequeña y expresar su convencimiento de que, a pesar de su corta edad, mostraba una sensatez y unas cualidades que no eran las propias de una niña, sino las de una joven dama. Pero todo ello se ha visto truncado por su muerte prematura, antes de que iniciara el disfrute de la vida, causando un dolor inconmensurable a sus padres. Ninguna religión, ninguna idea filosófica puede mitigar la crudeza de la realidad, la cual expresa Kochanowski con una patética interjección final: «¡NO ESTÁS, ÚRSULA MÍA!»[99].

Trenos I-XVIII

Treno I

El primer treno está escrito en versos dodecasílabos pareados y se inicia con un apóstrofe en el que evoca las figuras de Heráclito y Simónides, personajes de la antigua Grecia que vinculan al poeta con una visión pesimista del mundo y el dolor tras la pérdida de un ser querido. Consciente de la dificultad que supone componer una obra literaria dedicada a su propia hija muerta, apela a los antiguos maestros con la esperanza de que le ayuden a afrontar su

[99] «NIE MASZ CIĘ, ORSZULO MOJA!».

dolor y le concedan la fuerza necesaria para culminar su labor con éxito. Inmediatamente, Kochanowski nos descubre el desgarro que ha cambiado su visión de la existencia: la armonía del mundo creado por Dios, en la que hasta ahora creía, se desvanece ante la desesperación de un padre que acaba de perder a su hija. Kochanowski toma conciencia de que la muerte acompaña siempre al hombre, pero se niega a aceptar que tenga relación con el orden natural que Dios ha establecido, pues solo quiere el bien de sus criaturas, y una muerte prematura es algo contrario a esta idea, por eso la califica de «impía» («niepobożna śmierć»). La alegoría —tomada por Kochanowski del discurso de Odiseo en el Canto II de la *Ilíada* de Homero— sobre un dragón devorador de polluelos en su nido en presencia de su madre, que contempla tan cruel visión sin poder evitarlo —aunque pone todos los medios a su alcance para enfrentarse a la bestia—, no es sino una traslación de imágenes de la experiencia personal del poeta, que padeció la indefensión en su propio hogar ante una «muerte impía» resuelta a arrebatarle a su pequeña hija.

La filosofía estoica, que hasta ahora había guiado en gran parte el pensamiento de Kochanowski, queda apartada y reemplazada por el motivo bíblico del Cohelet de que en el mundo todo es vanidad de vanidades y todo esfuerzo humano se torna inútil a la hora de la muerte. Al final, el poeta vacila acerca de la forma de afrontar la muerte de su niña. Duda entre hacerlo de una forma estoica y cristiana, aceptando los designios de la vida y de Dios, o bien rebelándose contra ellos. La pregunta retórica con la que concluye el poema («No sé qué es más liviano: ¿lamentarse abiertamente por la tristeza / O luchar con furia contra la naturaleza humana?»)[100] es la clave para entender el resto de los trenos, en los que Ko-

[100] «Nie wiem, co lżej: czy w smutku jawnie żałować, / Czyli się z przyrodzeniem gwałtem mocować?».

chanowski mostrará el sufrimiento de un padre angustiado que busca una respuesta consoladora a su tragedia.

Treno II

El asunto del segundo treno, escrito en versos tridecasílabos pareados, es la expresión de dolor de un padre que escribe sobre la muerte de su hija, una muerte a la que ahora personifica y nombra (Proserpina), porque de esta manera identifica a la culpable de su desgracia y puede lanzar sus increpaciones y manifestar sus quejas mucho más certeramente. La diosa de los infiernos le ha robado las innumerables alegrías que con el tiempo le habría producido la pequeña, y le ha privado de un futuro lleno de sus abrazos y muestras de cariño. Pero Kochanowski realiza también en este treno II una curiosa meditación metaliteraria. El poeta reflexiona sobre el valor de la poesía infantil, calificada comúnmente de «ligera» («lekkie rymy»). Kochanowski expresa decididamente que ahora hubiera preferido escribir poesía «ligera» en lugar de estos trenos que podemos denominar, en contraposición, «artísticos», por mucha fama que pueda alcanzar con ellos en el futuro. El poeta sostiene que las intranscendentes y alegres canciones de cuna que nunca escribió le habrían procurado ahora mucha más felicidad que la idea de alcanzar la fama en el futuro con estos fúnebres y lastimeros trenos. La realidad hace que el deseo del Kochanowski padre de ver crecer a su hija y compartir con ella su amor se imponga sobre la aspiración a la fama literaria del Kochanowski poeta.

Treno III

En el tercer treno, compuesto de catorce versos tridecasílabos pareados, Kochanowski construye un poema acorde con el canon de la lírica fúnebre. En la *comploratio* (versos 1-3) el poeta se dirige a su hija como «mi heredera» («dziedziczko moja») para transmitir el sufrimiento causado por la pérdida de su hija, el duelo que ha supuesto su muerte. En los siguientes versos desarrolla la *laudatio* (versos 4-9), donde Kochanowski enfatiza la idea de que el patrimonio material que su hija recibiría en un futuro no habría sido nunca comparable ni «con [su] precoz talento» («z ranym rozumem twoim») ni «con las bellas cualidades» («z pięknymi przymioty») que ya mostraba, a pesar de su corta edad. La herencia literaria, la herencia artística que la pequeña Úrsula obtendría de su padre, ahora hurtada a él y al mundo por la muerte, es lo que más aflige a Kochanowski. El poema culmina con la *consolatio* final (versos 5-14), en la que el poeta confiesa que el único consuelo que le queda es «caminar tras las huellas de [sus] pequeños pies» («stopeczkami twymi ciebie naszladować») para reunirse con ella, convencido de que se abrazará a él dando un salto a su cuello al verlo acercarse, tal y como hacía cuando estaba viva. Son abundantes los epítetos, las metáforas, los apóstrofes, las exclamaciones, las hipérboles, las enumeraciones, las repeticiones y los diminutivos, todo ello al servicio de una lírica de la invocación que trata, con su estudiada estilística, de conmover al lector y hacerlo cómplice de los sentimientos del poeta por su hija idealizada, llena de genialidad y singularidad, portadora de virtudes extraordinarias, impropias en alguien de tan corta edad.

Treno IV

El cuarto treno, compuesto por dieciocho versos tridecasílabos pareados, se inicia con un perturbador apóstrofe («Violaste, impía Muerte, mis ojos»)[101] con el que Kocha-

[101] «Zgwałciłaś, niepobożna Śmierci, oczy moje...».

nowski logra la personificación de la muerte, otorgando un mayor realismo a la imagen, y la identificación de la culpable de su desgracia. Al referirse a la Muerte como un ente, le atribuye rasgos humanos, como la acción de «violar» («zgwałcić»), un verbo que hay que entenderlo aquí como una transgresión de la ley natural, del supuesto orden que hay establecido en la naturaleza, y que no contempla, según Kochanowski, el hecho de que los padres entierren a los hijos. La personificada Muerte es también acusada por el poeta —como ya hizo en el treno I— de ser «impía» («niepobożna»), es decir, de contravenir las leyes divinas, pues las leyes de Dios procuran el bienestar de sus criaturas, no su sufrimiento. La Muerte, pues, habiéndose llevado a su pequeña hija Úrsula, quebrantó tanto las leyes de la naturaleza como las divinas, razón por la que aparece aquí representada como el mayor y más poderoso enemigo del hombre. Particularmente relevantes son en este treno las menciones de personajes mitológicos, como Perséfone y Niobe, a los cuales recurre el poeta para acentuar su tentativa de rebelión contra los designios divinos. Cuando en los versos 11 y 12 alude al disenso de Dios («Ella (si Dios lo hubiera querido) con más edad / Habría multiplicado tanto la alegría ante mis ojos»)[102], muestra la crisis de fe que está sufriendo a causa de un dolor consentido por Dios y que se le antoja inútil e innecesario. La metáfora de la personificada Muerte sacudiendo un árbol para que la fruta desechable caiga revela, muy gráficamente, los sentimientos del poeta ante el infortunio sucedido: su pequeña hija Úrsula —su fruto— es arrancada de la familia —del árbol— como si fuera una pieza malograda, sin posibilidad de madurar y convertirse en un delicioso manjar.

---

[102] «A ona (by był Bóg chciał), dłuższym wiekiem swoim / Siła pociech przymnożyć mogła oczom moim».

En los versos finales del treno, Kochanowski reconoce que la experiencia que canta le resultará inaccesible al lector, porque nadie que no haya pasado por lo mismo puede percibir su dolor. Sin embargo, él trata de compartir sus sentimientos con los demás por medio de la palabra, porque en la poesía encuentra una forma de consuelo.

Treno V

En este quinto treno, compuesto de catorce versos tridecasílabos pareados, se percibe claramente la influencia que ejerció en Kochanowski la intensa dedicación a la traducción del *Salterio de David* durante los años precedentes. El treno completo es, prácticamente, una metáfora de inspiración bíblica en la que su árbol más representativo, el olivo, adquiere un protagonismo excepcional[103]. La metáfora que desarrolla Kochanowski en este treno pudo sugerírsela el Salmo 52 *(Oración contra un enemigo jactancioso),* donde se refiere a los fieles como olivos plantados en la casa de Dios:

> Amas el mal y no el bien, la mentira y no la verdad. No tienes más que palabras perniciosas, lengua engañosa. Por eso Dios te destruirá del todo, te abatirá y te arrancará de tu morada, te desarraigará de la tierra [...] Mas yo estaré en la casa de Dios, como fructífero olivo, siempre confiado en la misericordia de Dios[104].

---

103 Mencionado en la Biblia en numerosas ocasiones, el olivo posee diferentes significados simbólicos: paz y reconciliación, por su longevidad; resistencia y perseverancia, por su tolerancia a las inclemencias; fe y esperanza, por ser elementos esenciales para la vida espiritual y que deben ser cultivadas cual olivo en un huerto; bendición y prosperidad —en la Biblia (Dt 8, 8) se habla de la tierra prometida como una tierra «de olivos, de aceite y de miel»—; también tras del Diluvio una paloma llevó a Noé una ramita de olivo en su pico como señal del fin de las lluvias.

104 Sal 52, 5-10 (Sagrada Biblia, *op. cit.,* pág. 643).

En la descripción metafórica de la muerte de su hija en este treno, Kochanowski se presenta como un padre atormentado que compara la tragedia sucedida a su amada hija con la de un pequeño olivo (símbolo de Úrsula) que brota a la sombra y refugio de otro árbol (su madre que la vigila) y que un impetuoso horticultor (la muerte) cercena equivocadamente mientras desbroza su huerto (el mundo), acabando con la vida del inocente retoño, que cae inerte, provocando con su muerte un inconmensurable dolor a sus padres. Kochanowski trata de esta manera de hallar una explicación a lo sucedido: todo ha sido un aciago error de la cruel Perséfone, la mitológica diosa del inframundo —la tierra de los muertos—. El dilema en el que se debate ahora el poeta adquiere otra dimensión, pues lo que se plantea es si existe el error en la naturaleza y si este tiene la capacidad de alterar el orden divino, como ha sucedido con la muerte de su hija, o si este tipo de hechos cuenta con la aprobación de Dios. La pregunta retórica que dirige a la Muerte, y con la que concluye el poema sin dar una respuesta, es una declaración de su inmensa duda, de la enorme grieta que se ha abierto en su fe y en los valores en los que hasta ahora creía: «¿Cómo pudiste permitir que se derramaran inútilmente tantas lágrimas?»[105].

Treno VI

En el sexto treno, compuesto de veintidós versos tridecasílabos pareados, Kochanowski repasa los tres anhelos prioritarios para los padres de una niña en el siglo XVI, y que la muerte de la pequeña impidió que se satisficieran algún día, dando lugar al profundo desengaño que el poeta expresa en estos versos. En primer lugar, ve incumplida su expectativa de que, con el paso del tiempo, Úrsula se con-

105 «Mogłażeś tak wielu łzam dać upłynąć płono?».

vierta en heredera y perpetuadora de los valores de la familia, entre los que Kochanowski destaca, por encima de todos, el de la condición de artista. Ya en el primer verso se dirige a ella como «¡Mi alegre cantora! ¡Oh, Safo eslava!»[106], equiparándola a la gran poetisa griega Safo de Lesbos y profetizando su gran fama. Kochanowski nos cuenta cómo la niña daba constantes muestras de su sentido artístico, de su buen oído musical, de su maravillosa vocecita (comparable a la de un ruiseñor), alegrando a sus padres la vida con sus cantos («Como un pequeño ruiseñor que, en un arbusto verde, / Trina con su alegre gargantita durante toda la noche»[107]. Kochanowski, orgulloso, describe con delectación el prodigioso sentido poético de la niña, su extraordinario talento para la creación, virtudes heredadas de él mismo y que serían la verdadera riqueza recibida —y no solo el patrimonio material—, las cuales harían que el mundo la conociera un día como la Safo eslava («¡A quien no solo mi hacienda / Sino también mi laúd[108] le correspondía recibir por derecho a la herencia!»)[109]. En segundo lugar, Kochanowski no verá realizado el deseo de disfrutar con el progreso evolutivo de su hija como forma de realización personal y plenitud existencial ligadas al amor filial y la naturaleza humana. El tiempo que la niña ha permanecido a su lado ha sido muy breve y ahora la extraña con dolorosas lágrimas («No saciaste mis oídos con tus cantos / Y ahora pago ampliamente eso poco con mis lágrimas»)[110]. Finalmente, Kochanowski tampoco cumplirá el anhelo de procurar a su hija un futuro seguro y feliz mediante un matri-

[106] «Ucieszna moja śpiewaczko! Safo słowieńska!».

[107] «Jako więc lichy słowiczek w krzaku zielonym / Całą noc prześpiewa gardłkiem swym ucieszonym».

[108] Kochanowski menciona el laúd como símbolo del talento poético.

[109] «Na którą nie tylko moja cząstka ziemieńska, / Ale i lutnia dziedzicznym prawem spaść miała!».

[110] «Nie nasyciłaś mych uszu swymi piosnkami, / I tę trochę teraz płacę sowicie łzami».

monio apropiado a su condición. La confesión que Úrsula realiza a su madre al borde de la muerte es como un canto nupcial malogrado. La niña se lamenta de que su salida de la casa familiar sea para «partir sola» («Ni ocuparé un sitio sentada a tu grata mesa; / Me llegará la hora de dejar las llaves, de partir sola»)[111], es decir, sin que ocurra la circunstancia anhelada por sus padres de casar felizmente a su hija y de que la madre le entregue el ajuar preparado para el enlace conyugal, como era tradición, por eso la niña dirige estas palabras a su madre como despedida y mediando tan solo un afligido beso, y no en un entorno de bailes y fiestas nupciales, como habrían esperado los padres.

La conmovedora descripción del momento de la muerte de la niña que se narra en los versos de este treno concluye con una confidencia de Kochanowski al lector: el tormento que padece es tan intenso que se halla mentalmente abatido y estas palabras de despedida es lo único que puede lograr recordar de aquellos instantes finales («Estas y otras que el íntimo desconsuelo paterno / No me permite recordar fueron sus últimas palabras»)[112].

Treno VII

El séptimo treno, compuesto de dieciocho versos, supone una ruptura formal en relación con las composiciones precedentes ya que Kochanowski opta por alternar versos tridecasílabos y heptasílabos pareados para enfatizar los sentimientos del sujeto lírico y el dinamismo descriptivo del asunto del poema: el desconsolado padre que contempla diferentes objetos relacionados con la niña, a los cuales

---

[111] «Ani za twym wdzięcznym stołem miejsca zasiędę; / Przyjdzie mi klucze położyć, samej precz jechać».

[112] «To, i czego żal ojcowski nie da serdeczny / Przypominać więcej, był jej głos ostateczny».

ya nunca dará uso y que, por tanto, representan sueños rotos y esperanzas quebradas. Con esta forma métrica, en la que cada pareado expresa una unidad conceptual de significado coherente, el poeta contrasta con extraordinaria fuerza la fría imagen del objeto u objetos nombrados en el tridecasílabo con el ardoroso sentimiento que su visión le provoca en el heptasílabo, todo ello reforzado con una abundante adjetivación de tono pesimista y melancólico —«ropas desventuradas» («nieszczęsne ochędóstwo»), «vestidos infelices» («żałosne ubiory»), «tristes ojos» («smutne oczy»), «dádivas inútiles» («dary płone»), etc.—. El laconismo heptasilábico refleja esa quiebra anímica que el poeta soporta y añade un grado superior de intensidad al lamento que expresa en el tridecasílabo al contemplar la inutilidad de todas las cosas de la niña y que ahora reposan huérfanas sin ella.

En los primeros versos, Kochanowski dirige sus ojos a la ropa y los vestidos que ella usaba. Es una visión trágica, dolorosísima, que lo devuelve a la realidad y hace que comprenda que no hay esperanza de que esos objetos vuelvan a ser usados por su hija, pues se halla sumergida en un sueño del que nunca despertará («Ella no vestirá más su cuerpecito con vosotros. / ¡No hay, no hay esperanza! / La atrapó un sueño férreo, profundo, del que no se despierta»)[113]. El poeta no cita expresamente la muerte como en los trenos anteriores. Hay una falta de aceptación de la verdad por parte del padre y poeta. Ahora lo relevante es el sentimiento de profundo vacío ante la contemplación de los objetos de uso cotidiano de la niña. A continuación, la expresión del dolor se traslada a la madre, y habla por ella de la inutilidad de todos aquellos objetos que reservaba para su casamiento, su ajuar, en el que estaría la valiosa lencería que utilizaría en su tálamo, y que

---

[113] «Już ona członeczków swych wami nie odzieje – / Nie masz, nie masz nadzieje! / Ujął ją sen żelazny, twardy, nieprzespany».

tanto contrasta ahora con el humilde lienzo de su mortaja. Continúa así el relevante canto nupcial iniciado por la niña en el treno VI, pero ahora desde la perspectiva materna:

> ¡No a un lecho así, mi niña amada,
> Tu pobre madre tenía
> Que llevarte! No prometió dar
> Un ajuar como el que te entregó,
> Un lienzo para la mortaja, una humilde tela[114].

La parte final de poema es la que con mayor claridad refleja esa frustración de Kochanowski de no haber podido cumplir el gran anhelo de entregar a su hija felizmente al matrimonio. El contraste de imágenes que efectúa entre el malogrado lecho nupcial y el sobrevenido lecho mortuorio en los versos finales está plasmado con un realismo pictórico que estremece al lector ante la visión del poeta sobre el ataúd que contiene el cadáver de su hija y en cuya cabecera deposita un puñado de tierra como toda dote, como todo bagaje, enterrando a la niña y también todas las alegrías y esperanzas que ella representaba para sus padres («Tu padre puso un puñado de tierra, / Sobre la cabecera. ¡Por desgracia, la dote y ella / Encerradas en una misma caja!»)[115].

Treno VIII

El octavo treno, conformado por catorce versos tridecasílabos pareados, se inicia con un apóstrofe dirigido a la niña que anuncia el contenido del resto del poema, en el

---

114 «Nie do takiej łożnice, moja dziewko droga, / Miała cię mać uboga / Doprowadzić! Nie takąć dać obiecowała / Wyprawę, jakąć dała / Giezłeczkoć tylko dała a lichą tkaneczkę».

115 «Ojciec ziemie brełeczkę / W główki włożył. – Niestetyż, i posag, i ona / W jednej skrzynce zamkniona!».

que desarrolla e ilustra con emotivas y angustiadas imágenes, reforzadas con epítetos, metáforas, antítesis, repeticiones y exclamaciones, la idea de la vacuidad imperante en el hogar del poeta tras la muerte de la pequeña Úrsula («¡Qué vacío tan grande has dejado en mi casa, / Amada Úrsula mía, con tu desaparición!»)[116]. Kochanowski apoya su exposición en el contraste de elementos en ambas circunstancias temporales: la plenitud de la vida hogareña en vida de la niña y el vacío imperante tras su muerte («Estamos todos, pero es como si no hubiera nadie. / Tanto es lo que se fue con un alma tan pequeña»)[117]. El poeta presenta la imagen infantil de Úrsula, propia de cualquier criatura de su edad, que con sus cantos, voces, juegos y correteos por los rincones de la casa todo lo alboroza y llena de vitalidad. Pero también idealiza a la pequeña —como ya lo hiciera en el treno VI al referirse a sus cualidades artísticas—, atribuyéndole precoces virtudes intelectuales y morales, impropias para una niña de esa edad, como la inquietud mostrada por la madre o el consuelo proporcionado al padre en los momentos de preocupación. La huella de su ausencia en el hogar recorre todas las estancias. Allí donde antes había agitación y algazara, ahora el poeta solo encuentra silencio y soledad. Sin embargo, en el último verso se atisba un rayo de esperanza: el poeta sabe que su hija no está, es consciente de la verdad, pero no puede dejar de buscarla, porque hacerlo le procura, en alguna medida, el consuelo que espera («En todos los rincones me envuelve la tristeza / Y mi corazón espera consuelo inútilmente»)[118].

---

[116] «Wielkieś mi uczyniła pustki w domu moim, / Moja droga Orszulo, tym zniknieniem swoim!».

[117] «Pełno nas, a jakoby nikogo nie było: / Jedną maluczką duszą tak wiele ubyło».

[118] «Z każdego kąta żałość człowieka ujmuje, / A serce swej pociechy darmo upatruje».

Treno IX

En el noveno treno, compuesto por veinte versos tridecasílabos pareados, Kochanowski abandona el asunto de la muerte de la pequeña Úrsula para indagar en asuntos filosóficos y religiosos relativos a la Sabiduría y su valor extraordinario, alabada tanto por los estoicos como en el Libro de la Sabiduría de Salomón y en Proverbios, pues, según estos, su posesión conduce a la aceptación de lo inevitable: el hombre no debe resistirse a los hechos que no están bajo su control, sino a aceptarlos y amoldarse a ellos con la mejor disposición posible. Pero el poeta niega en este treno el valor de la virtud de la Sabiduría por no ser capaz de ayudarle a él a afrontar su sufrimiento. Esta negación afecta no solo al desencanto personal padecido por el sujeto lírico, sino que abarca a toda la época, a la doctrina del Humanismo y sus ideales, particularmente los de la filosofía del Estoicismo, que en nada pueden ayudarle en su tragedia personal. El apóstrofe con el que se inicia el poema deja clara la postura del poeta y su duda en relación con la consideración del valor superior que se atribuye a la Sabiduría:

Merecería la pena comprarte, Sabiduría, por muy cara que fueras,
Pues (si dicen la verdad) sabes erradicar
Todos los deseos, todas las preocupaciones humanas[119].

Aunque el poeta afirma que pagaría cualquier precio por poseer esa Sabiduría que le enseñara a doblegar el sufrimiento que padece, su exposición, sin embargo, avanza hacia la negación total de la idea de que la Sabiduría libere

[119] «Kupić by cię, Mądrości, za drogie pieniądze! / Która, (jesli prawdziwie mienią) wszytki żądze, / Wszytki ludzkie frasunki umiesz wykorzenić».

al hombre de todos sus desconsuelos, porque para ella «todas las cosas humanas son una bagatela»[120]. La misma muerte de su hija tiene tal consideración de insignificancia, y esto es algo que el poeta no es capaz de asumir:

Siempre conservas la misma actitud, tanto en la dicha
Como en el duelo. No temes lo más mínimo a la muerte,
Permaneces erguida, segura, inmutable, impertérrita[121].

El poeta expresa, pues, su desencanto en relación con la idealizada virtud de la Sabiduría y de aquellos que la poseen —principalmente los estoicos—, a los que hasta hace poco admiraba e intentaba imitar. A medida que desarrolla su reflexión, Kochanowski se torna irónico, sobre todo cuando ridiculiza la idea de que hasta el menesteroso tiene razones para celebrar su pobreza, y manifiesta su duda de que alguien entienda el estado de penuria como una suerte vital y hasta motivo de felicidad, por mucho que, como se dice comúnmente, la riqueza no proporcione la felicidad:

Ves al menesteroso bajo un tejado de oro,
Pero al pobre no envidias la feliz existencia,
¿Quién querría escuchar tu increpación?[122].

Los versos con los que concluye el treno resumen el pensamiento de Kochanowski en relación con la doctrina estoica, su método de aprendizaje basado en el culto a la virtud, el conocimiento y el estudio, y la pretendida práctica de la indolencia frente a los avatares de la vida. Pero va aún

---

[120] «Ty wszytki rzeczy ludzkie masz za fraszkę sobie».

[121] «Jednaką myśl tak w szczęściu, jako i w żałobie / Zawżdy niesiesz. Ty śmierci namniej się nie boisz, / Bezpieczna, nieodmienna, niepożyta stoisz».

[122] «Nędznika upatrujesz pod dachem złoconym, / A uboższym nie zajźrzysz szczęśliwego mienia, / Kto by jedno chciał słuchać twego upomnienia».

más allá, y expresa la consideración universal de que no hay creencias, ideales, virtudes, pensamientos filosóficos, por muy elevados que sean, que puedan aplacar el sufrimiento humano ante las grandes tragedias. Y Kochanowski se siente una víctima más, entre otras muchas, de la doctrina estoica, en cuyo estudio y culto de unos ideales inútiles, inservibles, ha consumido gran parte del tiempo de su vida:

> ¡Soy un hombre infeliz, que consumió sus años
> En conocer el umbral de tu morada!
> Ahora, de repente, soy arrojado desde los últimos peldaños,
> Y soy uno de tantos, contado entre otros muchos[123].

Treno X

El treno X lo conforman dieciocho versos tridecasílabos pareados. En él Kochanowski concatena una serie de preguntas dirigidas a su hija para las que no encuentra respuesta. Este conjunto de interpelaciones que enuncia el poeta hay que entenderlo como el testimonio de la impotencia humana ante la muerte. Atormentado por la ausencia de su hija, Kochanowski pregunta una y otra vez por el paradero de esta, manifestando un febril desasosiego que va en progresivo aumento hasta culminar con la súplica de consuelo dirigida a la niña en los últimos versos.

Lo primero que llama la atención es la duda del poeta acerca de la morada actual de su hija, pues baraja diversas posibilidades: que sea un ángel en el cielo, que haya llegado al paraíso, que se encuentre en las islas felices, que aún esté navegando junto a Caronte, que se haya transformado en

---

123 «Nieszczęśliwy ja człowiek, którym lata swoje / Na tym strawił, żebych był ujźrzał progi twoje! / Terazem nagle z stopniów ostatnich zrzucony / I między insze, jeden z wiela, policzony».

ruiseñor, que permanezca en el purgatorio o que haya regresado al limbo prenatal. Esta relación de preguntas sobre el lugar al que Úrsula se haya podido dirigir representa una evidente quiebra en la fe cristiana del poeta, que incluso se plantea la posibilidad de que no esté en ninguna parte, es decir, que no exista la prometida vida eterna a los cristianos después de la muerte («Dondequiera que estés, si estás, ten compasión de mí»)[124]. La combinación de espacios propios de la religión con otros pertenecientes a la tradición mitológica son expresión del sentimiento de confusión que Kochanowski soporta. Sorprende también que, al señalar elementos de la tradición cristiana, dude acerca de si el alma pura de su niña pudiera estar vagando en el cielo con forma de ángel, o bien haya alcanzado el paraíso, o se encuentre en el purgatorio para limpiar alguna mácula. Particularmente extraña al lector la pregunta formulada por el poeta en relación con el regreso del alma de Úrsula allí donde estaba antes de nacer, es decir, a una existencia preterrenal («¿O partiste, tras la muerte, allí donde antes habitabas / Y naciste para mi gran dolor?»)[125]. Con esta interpelación, y la posibilidad que plantea el poeta de que su hija haya regresado a la nada, Kochanowski admite la posibilidad de la inexistencia de una vida eterna después de la muerte, dogma de fe incuestionable para un cristiano. La desolación del poeta es tal que, incluso, cuestiona sus creencias más arraigadas. La duda de Kochanowski se ve acrecentada por la posibilidad de que su hija se haya olvidado de él, es decir, que no exista vínculo alguno con ella después de su partida («¿O te transporta / Caronte[126] por lagos de tristeza y te

---

[124] «Gdzieśkolwiek jest, jesliś jest, lituj mej żałości».

[125] «Czyś po śmierci tam poszła, kędyś pierwej była, / Niżeś się na mą ciężką żałość urodziła?».

[126] Barquero del inframundo encargado de transportar las almas de los muertos de una orilla a otra del río Aqueronte.

sacia en la fuente / Del olvido[127], y tú no sabes nada de mi llanto?»)[128]. Esta tormentosa idea es la que lo lleva a concluir el treno con una desesperada súplica de consuelo y una prueba de su vida en el más allá, aunque esta acaezca de forma subconsciente u onírica («Consuélame como puedas y muéstrate ante mí / Como un sueño, una sombra o una visión ilusoria!»)[129]. Con esta petición a su hija, el poeta, asaltado por la duda, no solo busca una respuesta a su inquietud en relación con ella, sino que le pide una muestra evidente de la existencia de la prometida vida eterna que espera a cada cristiano y que ahora él, abatido por las circunstancias, se cuestiona.

Treno XI

El treno undécimo, compuesto por dieciséis versos tridecasílabos pareados, contiene un conjunto de reflexiones en las que Kochanowski cuestiona el valor de la virtud y, en general, de los ideales de su época, inútiles para atenuar el dolor humano cuando se es víctima de una gran tragedia como la que él ha padecido. El poeta parafrasea en los primeros versos las últimas palabras del político y militar Marco Junio Bruto antes de morir, quien afirmó que siempre había cultivado la virtud en sus actos, pero que de nada le había servido para eludir su fatal destino. Esta puesta en valor de las palabras del héroe romano son una traslación a la propia situación del poeta, siempre fiel a las premisas del valor de la virtud en todos los actos de su vida, pero que

---

127 Alusión al río Lete. Según la mitología griega, uno de los ríos que discurría por el inframundo.

128 «Czy cię przez teskliwe / Charon jeziora wiezie i napawa zdrojem / że ty nie wiesz nic o płaczu mojem?».

129 «Pociesz mię, jako możesz, a staw się przede mną / Lubo snem, lubo cieniem, lub marą nikczemną!».

ahora, en su desolación, rechaza como antes lo hizo el magnicida romano («¿Cuándo su piedad salvó a alguien? / ¿A quién la bondad preservó de la adversidad?»)[130]. A la duda religiosa planteada en el treno anterior le sigue en este la filosófica. El poeta se ve desamparado porque ninguna creencia, ya sea religiosa, ética o moral, le procura consuelo. Es entonces cuando Kochanowski se plantea la posible existencia de un ente desconocido por el hombre que gobierna su destino y del que nadie puede escapar, un ente que embauca la inteligencia humana y le hace creer aquello que no es y ver lo que no existe («Algún ignoto hado mezcla las cosas humanas / Sin tener a su cargo ni las buenas ni las malas»)[131]. Sin embargo, esta reflexión que empuja al poeta a considerar una posible existencia pagana del destino humano se interrumpe repentinamente en los versos con los que concluye el treno y que evidencian una reacción del propio poeta contra su deriva ideológica. Y lo hace preguntándose si este alejamiento de sus creencias religiosas y morales no será consecuencia del abatimiento provocado por la angustia («Tristeza ¿qué me haces? ¿Acaso he de perder ambas: / Mi consuelo y mi cordura?»)[132]. Formulando estas preguntas, Kochanowski, tras haber atravesado una tormenta de vacilaciones y luchas anímicas, regresa a su marco ideológico natural (los principios morales y los de la fe cristiana), considerando todo lo expuesto en las reflexiones anteriores a estos versos finales una secuela del dolor, no el resultado de la injusticia del destino que se cierne inexorable sobre el hombre.

---

130 «Kogo kiedy pobożność jego ratowała? / Kogo dobroć przypadku złego uchowała?».

131 «Nieznajomy wróg jakiś miesza ludzkie rzeczy / Nie mając ani dobrych, ani złych na pieczy».

132 «Żałości, co mi czynisz? Owa już oboje / Mam stracić: i pociechę, i baczenie swoje?».

Treno XII

El treno duodécimo, compuesto por veintiocho versos tridecasílabos pareados, evoca la figura de Úrsula mediante la descripción de sus muchas virtudes y cualidades. Cabría decir que en este treno la fase de rebelión del poeta ante la realidad deja paso a la de aceptación de lo sucedido y búsqueda de consuelo en el recuerdo de la niña y los felices momentos protagonizados por ella en el pasado. El poeta utiliza la contraposición de la felicidad del pasado y la desesperación del presente para manifestar con mayor plasticidad su tormento y provocar en el lector un agudo contraste emocional.

En los versos iniciales del poema, Kochanowski describe cuán grande es el dolor que sufre por la muerte de su hija, solo comparable al amor que sentía por ella. El poeta justifica este amor no solo en la propia naturaleza del hombre, en la que el amor por los hijos es algo consustancial, sino también en la extraordinaria lista de valores humanos, morales y artísticos poseídos por la pequeña a juicio del poeta, y que serían una credencial indiscutible para amar fundadamente a quien presenta tales cualidades:

Pulcra, obediente, dócil, no mimada,
Sabía cantar, hablar, hacer versos como alguien instruido;
Imitar cada reverencia; guardar la compostura,
Observar las costumbres de una joven dama y sus obligaciones;
Prudente, modosa, afable, risueña,
Obediente, respetuosa, modesta y tímida[133].

---

[133] «Ochędożne, posłuszne, karne, niepieszczone, / Śpiewać, mówić, rymować jako co uczone; / Każdego ukłon trafić; wyrazić postawę, / Obyczaje panieńskie umieć i zabawę; / Roztropne, obyczajne, ludzkie, nierzewniwe, / Dobrowolne, układne, skromne i wstydliwe».

Kochanowski presenta después una imagen idílica de la vida hogareña, en la que la pequeña Úrsula era su centro y su alma. El tono feliz de estos versos y de esta descripción contrasta con el acento deprimido y la visión melancólica del treno VIII, en el que también se refería a la cotidianidad de la vida doméstica. Es precisamente en este contexto en el que el padre nos descubre la edad de la pequeña Úrsula al morir: treinta meses. Kochanowski no duda en considerar impropias de su edad unas cualidades tan extraordinarias como las que ella poseía, las cuales se convirtieron en el origen de la desgracia de la niña, aunque ahora son una fuente de consuelo para él:

> Tanto que no tenía más de treinta meses.
> Su infancia no pudo resistir tantas virtudes
> Y tanto valor; su abundancia la abatió[134].

Como hombre entregado a la vida campestre en su hacienda rural, Kochanowski vuelve a utilizar elementos de su realidad —y de la sabiduría bíblica— para hablar metafóricamente de la irremediable muerte de su hija y su desesperanza como padre. Así, la metáfora del trágico destino de la planta inmadura que ya utilizó en el treno V —un pequeño olivo— reaparece aquí —ahora como una frágil espiga— para describir la muerte prematura de Úrsula como algo irreparable, pues la semilla malograda no vuelve a germinar, aunque sea plantada de nuevo:

> [...] Mi única espiga,
> Aún no habías madurado y yo, sin esperar

[134] «Że więcej nad trzydzieści miesięcy nie miała. / Tak wiele cnót jej młodość i takich dzielności / Nie mogła znieść; upadła od swejże bujności».

Ese momento, ¡te siembro de nuevo en la triste tierra!
Pero junto a ti también entierro la esperanza:
Porque ya nunca brotarás, ya no florecerás
Ante mis tristes ojos, por los siglos de los siglos[135].

Treno XIII

El treno decimotercero, conformado por veinte versos tridecasílabos pareados, se inicia con un apóstrofe dirigido a la niña en el que el poeta parece cobrar consciencia de lo sucedido y se atisban los primeros indicios de aceptación de la realidad. Kochanowski declara que los breves momentos de felicidad vividos en el pasado junto a ella no compensan el extremado sufrimiento que padece en el presente («Con mi gran pena pago pequeños consuelos»)[136], por eso llega a decir que mejor habría sido que no hubiera nacido («Risueña Úrsula mía, ¡ojalá estuvieras conmigo, / O no hubieras muerto o no hubieras nacido!»)[137]. En su reflexión posterior, el poeta se lamenta de que el tiempo que su hija pasó a su lado fuera como un sueño fugaz que se torna en pesadilla real cuando de él despierta, permaneciendo solo el deseo de que perdure lo acontecido en él, que no acabe, pero la ensoñación concluye tan pronto como el sujeto lírico es consciente de la realidad. Es en este momento cuando cabe decir que Kochanowski abandona el camino de la rebelión contra los designios del destino y de Dios y admite el hecho de la muerte de su hija. La distensión emocional de este treno en relación con los anterio-

135 «[...] Kłosie mój jedyny, / Jeszcześ mi się był nie zstał, a ja, twej godziny / Nie czekając, znowu cię w smutną ziemię sieję! / Ale pospołu z tobą grzebę i nadzieję: /Bo już nigdy nie wznidziesz ani przed mojema / Wiekom wiecznie zakwitniesz smutnymi oczema».

136 «Małe pociechy płacę wielkim żalem swoim».

137 «Moja wdzięczna Orszulo, bodaj ty mnie była / Albo nie umierała lub się nie rodziła!».

res es notoria. Kochanowski termina por manifestar la aceptación de la partida irremediable de la pequeña y opta por emplazar a los canteros para que tallen la lápida bajo la que esta reposará y sobre la que quedarán grabados en piedra y para siempre sus sentimientos en un epitafio. Su quejido es manso y resignado. Abatido por el dolor, el poeta se limita a lamentar que la muerte haya alterado el orden natural de la secuencia de la vida:

¡OH, MUERTE IRREFLEXIVA, LO HICISTE AL REVÉS,
ERA ELLA LA QUE TENÍA QUE LLORARME Y NO YO A [ELLA![138].

Treno XIV

En el treno decimocuarto, compuesto por dieciocho versos tridecasílabos pareados, Kochanowski se aparta de la doctrina de la fe cristiana para recuperar figuras de la mitología clásica con las que construir el relato de la búsqueda de consolación a su sufrimiento. Si en varias de las composiciones precedentes había combinado elementos religiosos con mitológicos, aquí solo hay lugar para los segundos. Consciente de la pérdida de su hija —tal y como dejó patente en el anterior treno decimotercero—, el poeta dirige ahora su mirada al inframundo mitológico y se pregunta cómo podría acceder a él para reencontrarse con su pequeña Úrsula. Kochanowski se sirve, fundamentalmente, de cuatro símbolos mitológicos: Orfeo, Plutón, Caronte y el laúd. Una pregunta acerca de la ubicación de las puertas de entrada al Hades —vigiladas por un feroz perro de tres cabezas llamado Cerbero— le sirve de preludio para, siguiendo los pasos de Caronte, expresar su deseo de llegar hasta

[138] «OPAKEŚ TO, NIEBACZNA ŚMIERCI, UDZIAŁAŁA / NIE JAĆ ONEJ, ALE MNIE ONA PŁAKAĆ MIAŁA».

Plutón, dios del inframundo y custodio de las almas condenadas a pasar la eternidad bajo la Tierra, a quien pretende suplicar que le devuelva a su hija viva, tal y como antes obrara con Orfeo («¿Dónde están esas infortunadas puertas a través de las cuales, hace años, / Orfeo se encaminó bajo la tierra en busca de su pérdida?»)[139]. El poder de persuasión que Kochanowski otorga a la poesía es extraordinario, pues confía en que sus tristes composiciones —su laúd, equivalente a la lira en la mitología griega, símbolo de la poesía y la música— sean lo suficientemente emotivas como para convencerlo de que atienda su súplica. Kochanowski cree, por tanto, que el sufrimiento puede ser fuente de inspiración de un arte conmovedor, es decir, un arte capaz de alterar voluntades y circunstancias, algo que lo aproximaría a la perfección en su propósito:

> ¡Y tú no me abandones, grato laúd mío,
> Sino ven junto a mí, hasta el aposento
> Del implacable Plutón! Quizá lo conmovamos
> Con estas lágrimas, con estos cantos fúnebres,
> Y mi amadísima niña regrese a mí de nuevo[140].

Los versos finales del treno denotan, sin embargo, la total resignación del sujeto lírico: toma conciencia de que no podrá recuperar a su hija y solo su propia muerte lo conducirá junto a ella. La muerte, por tanto, se convierte en la única esperanza de reunión con los seres queridos. Y él declara que prefiere estar muerto a vivir añorándola («¿Y qué decir? Solo permanecer allí con ella / Y a la vez desprender-

---

[139] «Gdzie te wrota nieszczęsne, którymi przed laty / Puszczał się w ziemię Orfeus szukając swej straty».

[140] «A ty mię nie zostawaj, wdzięczna lutni moja, / Ale ze mną pospołu pódź aż do pokoja / Surowego Plutona! Owa go [to] łzami, / To tymi żałosnymi zmiękczywa pieśniami, / Że mi moję namilszą dziewkę jeszcze wróci».

se del alma y de la intensa pena»)[141]. La renuncia a la búsqueda de la niña que implica esta reflexión final deja abierta la puerta al consuelo de la muerte, la cual, más temprano o más tarde, le llegará al poeta inexorablemente, y con ella el reencuentro feliz con su amada hija Úrsula.

Treno XV

En el treno decimoquinto, compuesto por treinta y cuatro versos tridecasílabos pareados, Kochanowski vuelve a alejarse de la tradición cristiana para buscar en la creación poética el consuelo que no halla en la fe. Con el apóstrofe inicial dirigido a la musa griega de la poesía y su atributo («Erató de dorados cabellos y tú, grato laúd»)[142], el poeta nos recuerda que es en el arte donde el hombre encuentra alivio, incluso en las situaciones más difíciles. Sin embargo, en lo que se refiere a él, ni siquiera el arte puede traerle consolación y se siente ahogado en la desesperanza. Busca entonces en la mitología griega una tragedia que pueda ser comparable a la suya, y la halla en la historia de Niobe, aludida ya en el treno IV, pero que ahora desarrolla para identificarse con el símbolo de la madre infeliz cuyo dolor nada puede curar. Niobe fue la esposa de Anfión, rey de Tebas, con quien tuvo catorce hijos, siete varones y siete mujeres. Las burlas que Niobe hacía de Leto, madre de Apolo y Artemisa, llevaron a estos a vengarse: Apolo mató a sus hijos varones y Artemisa a sus hijas. Cuando Niobe descubrió los cadáveres de todos sus hijos muertos quedó petrificada. El viento, después, la transportó hasta un monte, donde puede contemplarse una roca de mármol con forma de mujer de la que continuamente brotan lágrimas.

---

141 «Cóż temu rzec? Więc tamże już za jedną drogą / Zostać, a z duszą za raz zewlec troskę srogą».

142 «Erato złotowłosa i ty, wdzięczna lutni».

El sujeto lírico se identifica con el mito de Niobe y comparte con ella el sufrimiento por la pérdida de su hija Úrsula, si bien el poeta señala que apenas puede imaginar la dimensión del dolor de la reina de Tebas por la cruel muerte de sus catorce hijos. Y aunque su muerte habría supuesto un desenlace también atroz, al menos la hubiera liberado del sufrimiento. Kochanowski asevera que el verdadero castigo que sufrió Niobe fue ser transfigurada en piedra, pues su angustia no cesó y resultó condenada al llanto eterno. El poeta teme que su desesperación acabe por convertirlo también a él en una columna pétrea («Mientras no me levante en el campo cual columna de piedra»)[143], lo que le provoca un sentimiento de compasión por sí mismo incluso mayor que el que siente por su hija, pues ella encontró en la muerte la paz y el alivio a su dolor, mientras que él permanece muerto en vida, al igual que Niobe petrificada, tal y como lo expresa en los dos versos finales, inspirados en un epigrama griego recogido en el Libro VII (311) de la *Antología Palatina:* «Este sepulcro no está sobre un muerto, este muerto no está en un sepulcro, / Sino que el mismo muerto es para sí un sepulcro»[144].

Treno XVI

El treno decimosexto presenta una particularidad métrica y es que está construido, excepcionalmente, con once estrofas sáficas (11A, 11A, 11B, 5b), forma que también emplea Kochanowski en algunas composiciones pertenecientes al libro *Cantos*. La brevedad del pentasílabo final de cada estrofa impone una contundencia expresiva de la que se vale el poeta para reflexionar sobre el valor de la filosofía

---

143 «Póki jeszcze kamienny w polu słup nie stoję».

144 «Ten grób nie jest na martwym, ten martwy nie w grobie, / Ale samże jest martwym, samże grobem sobie».

estoica y su influencia en la naturaleza humana. Kochanowski fue en otro tiempo un acérrimo partidario del estoicismo, pero ahora se siente decepcionado ya que la tragedia de la muerte de su hija ha arruinado todos sus pilares ideológicos. El poeta se halla en un estado de enajenación mental en el que no distingue la ilusión de la realidad —«¿Estoy vivo? ¿O es un sueño falso lo que me angustia?»[145]— y que lo ha sumido en un estado de vacío creador, tal y como confiesa al inicio del treno —«Por causa de la infelicidad y mi dolor [...] / Debo abandonar el laúd, el verso grato»[146]—. El poeta se lamenta de lo fácil que resulta la reflexión filosófica y el planteamiento teórico estoico de la ecuánime y serena reacción humana ante las dificultades cuando estas no existen, se tiene abundancia de bienes y la mente se halla despreocupada. Pero cuando la desgracia y el dolor asaltan al hombre, las lecciones filosóficas se tornan inútiles para hacer frente a una realidad despiadada («Pero cuando el dolor o la miseria llega / No es tan fácil vivir como se dice»)[147]. Kochanowski alude al propio Cicerón —exponente ilustre de la filosofía estoica— para ironizar sobre su actitud porque él mismo no obró conforme a su pensamiento cuando sufrió determinadas adversidades en su vida, tales como el destierro de su Roma natal al que fue condenado («¿Por qué te vas llorando, elocuente Arpinate[148], / De la amada patria?»)[149] o la muerte de su hija Tulia («¿Por qué sufres tanto por tu hija?»)[150]. Tras una serie de reflexiones y conclusiones pesimistas, Kochanowski invoca en la estrofa final al paso del tiempo

---

[145] «Żyw-em? Czy mię sen obłudny frasuje?».

[146] «Nieszczęściu kwoli a swojej żałości [...] / Lutnią i wdzięczny rym porzucić muszę».

[147] «Lecz kiedy nędza albo żal przypadnie, / Ali żyć nie tak, jako mówić, snadnie».

[148] Gentilicio de Arpino, lugar de nacimiento de Cicerón.

[149] «Przecz z płaczem idziesz, Arpinie wymowny, / Z miłej ojczyzny?».

[150] «Czemu tak barzo córki swej żałujesz?».

como única forma de consolación, poniendo en duda el valor tanto de la filosofía como de la religión para superar las tragedias humanas. Cuando la inteligencia humana y la fe no son capaces de proporcionar al hombre las respuestas necesarias para la superación de las adversidades de la vida, el único camino que el hombre puede recorrer es el del paso del tiempo que lo lleve al olvido:

> ¡Oh tiempo, anhelado padre el olvido!
> De aquello que ni la razón ni los santos serán capaces
> Sana tú mi triste corazón, y esta cruel pena
> Arranca de mi cabeza![151].

Treno XVII

El decimoséptimo treno lo conforman trece estrofas de cuatro versos octosílabos pareados (8a, 8a, 8b, 8b). Esta forma recuerda la versificación de los salmos, lo que nos anticipa que el poeta va a entonar su canto con actitud religiosa. Si en trenos anteriores Kochanowski buscaba alivio a su desgracia en la mitología clásica, poniendo en duda el valor consolador de la fe, en este se produce un cambio radical de actitud: busca consuelo en los motivos bíblicos. Así, los versos con los que se inicia el poema están inspirados en la respuesta de Job a Bildad (Job 19, 21) —«Me ha tocado la mano del Señor, / Me ha sido arrebatada toda la alegría»[152]—. Kochanowski, al igual que el personaje bíblico, se siente castigado por Dios y no alcanza a entender la razón de su infortunio sobrevenido, pues siempre vivió conforme a las enseñanzas de Cristo y se sentía muy seguro en su ordenada vida:

---

[151] «Czasie, pożądnej ojcze niepamięci! / W co ani rozum, ani trafią święci, / Zgój smutne serce, a ten żal surowy / Wybij mi z głowy!».

[152] «Pańska ręka mię dotknęła, / Wszytkę mi radość odjęta».

Pero el Señor, que ve allí donde toca
Y se burla de la cautela humana,
Me asestó el golpe más doloroso
Cuando más seguro me sentía[153].

Al igual que Job, considera que la pena que Dios le ha impuesto es injusta. Incapaz de dominar sus emociones, el poeta pierde toda esperanza, se siente indefenso ante el poder divino («¿Quién puede esconderse de Ti?»)[154] y expresa su ira contra el mundo, contra sí mismo y contra el Creador. Lejos de aceptar el sufrimiento que Dios le ha enviado —pues carece de la humildad que sí posee Job—, el poeta se rebela y cae en la desesperación. Sin embargo, en ese tránsito hacia el enfrentamiento con su destino, Kochanowski se reencuentra de súbito con Dios, que lo ilumina, y da comienzo el fin de la crisis religiosa. El sujeto lírico se va reconciliando, poco a poco, con su situación y comprende que su hija Úrsula ha muerto por voluntad divina. Y aunque sigue pensando que el castigo que ha recaído sobre él es injusto, concluye que no es razón suficiente para renunciar a la fe. Por eso el poeta confía en el poder de Dios y su benevolencia para encontrar el consuelo que no le han dado ni la poesía ni la filosofía:

Y que yo me deshaga en lágrimas,
Porque perdí toda esperanza
De que mi mente me salvara,
Porque esto solo Dios puede mitigarlo[155].

Esta visión final del treno refleja la vuelta de Kochanowski a la esfera de la fe cristiana y la confianza en la misericordia

[153] «Lecz Pan, który gdzie tknąć, widzi, / A z przestrogi ludzkiej szydzi, / Zadał mi raz tym znaczniejszy, / Czym-em już był bezpieczniejszy».
[154] «Kto się przed Tobą skryć może?».
[155] «A ja zatym łzy niech leję, / Bom stracił wszytkę nadzieję, / By mię rozum miał ratować, / Bóg sam mocen to hamować».

de Dios como única posibilidad de hallar consolación a su desgracia. Pero también anuncia la evolución del pensamiento de la época hacia la cosmovisión barroca de la existencia, según la cual la confianza del hombre ha de radicar en la voluntad divina y no en el poder de la razón humana.

Treno XVIII

El decimoctavo treno está conformado por siete estrofas de cuatro versos pareados, dos endecasílabos y dos heptasílabos (11A, 7a, 7b, 11B). Kochanowski en este penúltimo treno altera drásticamente el tono personal que venía dominando en todas las composiciones precedentes. Destaca, en primer lugar, la voz colectiva con la que el poeta se dirige a Dios. Abandona el canto íntimo que ha mantenido hasta ahora en todo el libro para componer una plegaria que representa a la comunidad de fieles que pide a Dios misericordia y comprensión porque los hombres se alejan soberbiamente de Él cuando la vida les sonríe, ignorando que todo lo que el hombre goza procede de la generosidad del Creador:

> Nosotros, rebeldes, Señor, hijos Tuyos,
> En nuestros momentos de felicidad
> Raramente nos acordamos de Ti[156].

El poeta proclama su confianza en Dios, incluso en las situaciones más difíciles, porque Él es como un padre que siempre lo guía en sus actos el amor, incluso cuando impone castigos. Dios perdona siempre, desde el origen de los tiempos, incluso a los mayores pecadores, por lo que la confianza en su misericordia constituye la esperanza última de salvación y consuelo para el hombre:

---

[156] «My, nieposłuszne, Panie, dzieci Twoje, / W szczęśliwe czasy swoje / Rzadko Cię wspominamy».

Que te recordemos
Al menos en el tormento, si en el favor no queremos.

Pero castíganos con paternal ternura
Porque ante Tu cólera nos ocurre
Lo que a la nieve cuando el sol celestial
La calienta: se derrite[157].

Tras una serie de consideraciones relativas al poder del amor divino y a las pruebas a las que Dios somete a los hombres —sus hijos—, el sujeto lírico parece retractarse en los versos finales de sus imprecaciones anteriores contra el Creador y se presenta en actitud dócil, temeroso y respetuoso, pues sabe que, aunque estricto, es misericordioso ante la confesión sincera de arrepentimiento. Busca el perdón de Dios por la rebeldía y el alejamiento mostrados. El poeta renuncia a su individualidad porque desea reintegrarse en la comunidad de fieles, volver al seno de la Iglesia, vivir en armonía y estar en gracia de Dios. La postura del hombre que sufre injustamente, constante en todos los trenos anteriores, es abandonada ahora por Kochanowski para adoptar la de un pecador que regresa a la fe con humildad, porque solo en los pilares de la religión y el sistema de valores cristiano puede encontrar la fortaleza necesaria para afrontar el sufrimiento y reconciliarse de nuevo con la vida:

Grandes son mis ofensas contra Ti,
Pero Tu compasión
Es aún mayor que todos los ultrajes.
¡Derrama hoy sobre mí, Señor, tu misericordia![158].

---

157 «Niechaj na Cię pomniemy / Przynamniej w kaźni, gdy w łasce nie chcemy. / Ale ojcowskim nas karz obyczajem, / Boć przed Twym gniewem stajem / Tak, jako śnieg niszczeje, / Kiedy mu słońce niebieskie dogrzeje».

158 «Wielkie przed Tobą są występy moje, / Lecz miłosierdzie Twoje / Przewyższa wszytki złości. / Użyj dziś, Panie, nade mną litości!».

Treno XIX o *El sueño*

El decimonoveno y último treno se diferencia del resto de las composiciones, tanto por su extensión (ciento cincuenta y ocho versos tridecasílabos pareados) como por el hecho de ser el único que tiene título propio: *El sueño*. La distinción de este treno del resto responde a la idea de Kochanowski de elaborar un poema que, aun formando parte de la obra, posea una identidad propia que lo diferencie, tanto por su forma como por su contenido. Esta circunstancia ha sido origen de numerosas especulaciones acerca del momento de la redacción de este treno final, no faltando quienes, como Mieczysław Hartleb (1895-1935)[159], consideran que el poeta añadió este treno una vez cerrado el ciclo a modo de comentario general a todos los trenos anteriores. Resulta imposible descubrir la verdadera intencionalidad de Kochanowski al componer este texto, tan distinto de los demás del ciclo, pero lo que sí parece claro es que con él quiso mostrar una imagen de alivio del sufrimiento que diera a la obra una dimensión moral y contenido filosófico, restaurando así la ley y el orden en su vida, perturbada por el destino. Kochanowski hace que sea su propia madre la encargada de presentar, en este treno final, un extenso discurso en el que trata de dar respuesta a las numerosas preguntas filosóficas, inseguridades morales y vacilaciones religiosas expresadas en los trenos anteriores. Su título, *El sueño,* contrasta muy significativamente con el contenido de todo lo expuesto hasta ahora, pues el sujeto lírico, que hablaba en primera persona y mostraba abierta-

---

159 Así lo desarrolla en diversas partes de su libro *La tumba de Úrsula. Estudio sobre la génesis y construcción de los Trenos de Jan Kochanowski (Nagrobek Urszulki. Studium o genezie i budowie Trenów Jana Kochanowskiego),* Cracovia, 1927.

mente sus sentimientos, se limita a relatar su sueño o visión. Las descripciones de la pequeña hija muerta, así como los sentimientos expresados por el poeta en los dieciocho trenos precedentes, reflejan una realidad desgarradora, dolorosa, tanto que el propio Kochanowski así lo refiere cuando menciona el momento de escape de esa realidad a través del sueño, queriendo producir una impresión de objetividad de la visión: «Mi tristeza no me permitió hasta muy avanzada la noche / Cerrar los ojos y calmar mi cuerpo extenuado»[160]. Transportado ya al mundo onírico, Kochanowski se encuentra con su fallecida madre, la cual avanza hacia él, con la pequeña Úrsula cogida de la mano, y le dice que viene a su encuentro, pues su llanto y lamento persistentes han llegado, incluso, al mundo de los muertos, y ella se ha afligido profundamente al saber del sufrimiento de su hijo:

[...] Tu inconsolable
　　　Llanto, hijo mío, me condujo hasta aquí, en dirección a ti,
Desde tierras muy lejanas, y tus amargas lágrimas
　　　Penetraron hasta las moradas secretas de los muertos[161].

Tiene lugar entonces un largo discurso de la madre en el que le explica que no hay razón para que siga sufriendo ya que, como él mismo puede ver, su hija se encuentra feliz en el mundo que habita, donde la vida es eterna y plena de felicidad, júbilo y fruición. Le explica que la muerte no se la llevó para impedirle gozar los placeres de la vida, sino para que no padeciera los fracasos y desengaños de la existencia terrenal:

---

160 «Żałość moja długo w noc oczu mi nie dała / Zamknąć i zemdlonego upokoić ciała».

161 «[...] Twój nieutulony / Płacz, synu mój, przywiódł mię w te tu wasze strony / Z krain barzo dalekich, a łzy gorzkie twoje / Przeszły aż i umarłych tajemne pokoje».

No se alejó del placer; se alejó de las dificultades,
Del trabajo, de los desasosiegos, de las lágrimas, del dolor,
Algo de lo que hay tanto en el mundo [...][162].

Continúa la madre explicando a su hijo, el poeta, que el tiempo es el mejor sanador, que no debe detenerse en el pasado recreando los momentos en los que la niña lo acompañaba, sino pensar en el futuro que le espera y en obrar en la vida terrenal con rectitud y virtud para gozar también un día de los eternos placeres celestiales, pues solo Dios decide nuestro camino y la obligación del hombre es aceptar con agrado los designios de Creador: «Los juicios del Señor están ocultos; lo que Él ha decidido / Que es lo mejor, también ha de agradarnos a nosotros»[163]. Continúa la madre su prédica parafraseando a Cicerón y advirtiendo al poeta: «Recuerda esto, hijo, y afronta humanamente / las vicisitudes humanas»[164]. Este llamamiento para vivir con dignidad lo que el destino le depare sintetiza, de alguna manera, todo el mensaje de su exhortación: el duelo debe llegar ya a su fin para que pueda atender otros asuntos transcendentales, como la salvación de su alma. La premisa estoica, por tanto, queda inmediatamente matizada por la doctrina religiosa, expresada por medio de una alusión bíblica con la que le explica que «hay un mismo Señor de la tristeza y del premio»[165]. Este hecho de que sea el mismo Dios quien premie y castigue al hombre es lo que le devuelve al poeta la esperanza y da un nuevo sentido a la vida, pues asume que el juicio sobre la vida humana a los ojos de Dios se realiza con objetividad, sabiendo compensar la adversidad y el su-

162 «rozkoszyé poszła; poszłać od trudności, / Od pracej, od frasunków, od łez, od żałośni, / Czego świat ma tak wiele [...]».

163 «Skryte są Pańskie sądy; co się Jemu zdało, / Nalepiej, żeby się też i nam podobało».

164 «Tego się, synu, trzymaj, a ludzkie przygody / Ludzkie noś».

165 «[...] jeden jest Pan smutku i nagrody». Bar 4, 29.

frimiento terrenales con la paz y el goce eternos en el más allá. Repentinamente, su madre y su hija desaparecen, y el poeta se despierta. Kochanowski incorpora este abrupto final a imitación del colofón de la obra de Cicerón *El sueño de Escipión,* evidenciando así su confusión por todo lo acaecido en el sueño, incapaz de dilucidar si ha sido una ilusión onírica o un hecho real. El poeta se muestra perplejo por la visión presenciada, a pesar del consuelo que le ha supuesto el reencuentro con su hija y su madre, y todas sus enseñanzas. Esta aparente vacilación que lo asalta parece poner en cuestión la prueba fehaciente de que Úrsula esté gozando de una vida eterna, sin embargo, lo que viene es a proclamar el triunfo de la fe sobre la razón, de la creencia sobre el conocimiento. La indefinición reflejada en la conclusión de la obra es análoga a la que el poeta sufre ante su porvenir. Lo único que le queda es mantener su confianza en la bondad divina y su esperanza de lograr el feliz destino que presagia después de su muerte, lo que supone su vuelta convencida a la esfera de la religión cristiana —de la que, por otro lado, jamás se distanció significativamente— y la proclamación inequívoca de su creencia en la resurrección de la carne y la vida eterna.

ESTA EDICIÓN

Fuentes textuales originales

En vida de Jan Kochanowski se realizaron dos ediciones de los *Trenos:* en 1580 y en 1583, ambas en Cracovia, en la afamada Imprenta de Lázaro fundada por Łazarz Andrysowicz *(pol.* Drukarnia Łazarzowa, *lat.* Officina Lazari). Meses después de la muerte del poeta, su amigo Jan Januszowski (1550-1613), hijo del fundador de esta imprenta —y desde 1577 heredero de la misma—, publicó en el año 1585 un volumen que recogía sus principales obras: *Phaenomená; Muza; Sátyr; Monomáchia Parisowá z Menelausem; Odpráwá posłów Gréckich; Száchy; Dziewosłąb; Epithálámium; Threny; Wzór pań meżnych; Zuzánná; Brodá; Márszáłek; Zgodá; Epithalamium ná wesele J. M. páná Krzystofá Radziwiłá, etc; Drias Zámechska; Pan Zámchanus; Orpheus Sarmaticus; Proporzec; Wróżki; O Czechu y Lechu, historya nágániona; Wykład cnoty; O piiánstwie iż iest rzecz sprosna; Omen; Pieśni rozmáitych kśiążek swoie; Támże pámiątká Tęczyńskiégo.*

La presente traducción del libro *Trenos* de Jan Kochanowski es la primera publicada en lengua española y la hemos realizado a partir de la mencionada versión original de 1585, cuya edición fue preparada por el insigne filólogo Aleksander Brückner (1856-1939):

Treny, ed. Aleksander Brückner, Wielka Biblioteka, Nr. 8, Varsovia, Instytut Wydawniczy Biblioteka Polska, 1923.

Para la fijación del texto nos hemos apoyado, además, en las ediciones previas de 1580 y 1583, preparadas por los ilustres académicos Tadeusz Sinko (1877-1966) y Janusz Pelc (1931-2005), respectivamente:

Treny, ed. Tadeusz Sinko, Biblioteka Narodowa, Nr. 1, S. I, Zakład Narodowy Imienia Ossolińskich, Cracovia, 1919. [Edición filológica realizada a partir de la primera impresión de *Trenos* en 1580, la cual se mantuvo en esta Colección «Biblioteca Nacional» («Biblioteka Narodowa») hasta la undécima y última edición en 1950].

Treny, ed. Janusz Pelc, Biblioteka Narodowa, Nr. 1, S. I, Zakład Narodowy Imienia Ossolińskich, Cracovia, 1969. [Edición filológica realizada a partir de la segunda impresión de *Trenos* en 1583. En el año 1969, esta edición elaborada por Janusz Pelc sustituyó a la de Tadeusz Sinko, de 1919, en la misma colección, manteniendo el mismo número y serie hasta la actualidad].

Hemos de advertir que el texto original presenta abundantes formas arcaicas que hemos respetado en la versión polaca y que son muchos los casos en los que el significado de las palabras no se corresponde con la semántica de esos mismos términos en el idioma polaco moderno. Para una correcta interpretación, en nuestra traducción nos hemos apoyado en las anotaciones sobre vocabulario incluidas en las tres ediciones antes mencionadas. Sin embargo, ya que estas cuestiones léxicas afectan casi con exclusividad al texto original y su evolución diacrónica, no aparecen comentadas en nuestra traducción al español, al no ser objeto de análisis en esta edición, salvo en algunos casos concretos en los que se ha considerado que su inclusión es relevante para la comprensión de un término o fragmento. Asimismo, para una mejor eufonía del texto en español, hemos reemplazado el nombre polaco de la protagonista, *Urszula,* por su forma española, *Úrsula,* y su diminutivo, *Urszulka,* por epítetos equivalentes a la sufijación diminutiva en polaco. También los nombres propios de personajes mitológicos, simbólicos y topónimos mencionados en el texto original aparecen en nuestra edición en su forma correspondiente en español, cuando esta existe.

Agradecimientos

Mi inmensa gratitud a Josune García por su generosa acogida de estas páginas. *Gratias tibi ago!*

Agradezco también a Agnieszka Matyjaszczyk, Marta Misztal, Grzegorz Bąk, Álvaro Pelayo y Vicente Cristóbal las valiosas sugerencias que me hicieron durante la elaboración de este libro.

BIBLIOGRAFÍA

Ediciones de la obra literaria de Jan Kochanowski (selección)

Kochanowski, J., *Dzieła polskie,* ed. Tadeusz Mostowski, t. I-V, Varsovia, 1803.

— *Elegie,* trad. Kazimierz Brodziński (latín-polaco), Varsovia, 1829.

— *Wszystkie dzieła polskie,* ed. Kazimierz Józef Turowski, Przemyśl, 1857.

— *Dzieła wszystkie. Wydanie pomnikowe,* t. I-IV, Varsovia, 1884-1897.

— *Odprawa posłów greckich,* ed. Tadeusz Sinko, Wrocław, 1919.

— *Dzieła polskie,* ed. Jan Lorentowicz, Varsovia, 1919.

— *Pisma zbiorowe,* T. I-II, ed. Aleksander Brückner, Varsovia, 1924.

— *Pieśni i wybór innych wierszy,* ed. Tadeusz Sinko, Wrocław, 1927.

— *Treny,* ed. Konrad Górski, Wrocław, 1949.

— *Dzieła polskie,* ed. Julian Krzyżanowski, Varsovia, 1952.

— *Utwory łacińskie,* trad. Julian Ejsmond (latín-polaco), Varsovia, 1953.

— *Foricoenia, czyli fraszki łacińskie,* trad. Leopold Staff (latín-polaco), Varsovia, 1956.

— *Fraszki,* ed. Janusz Pelc, Wrocław, 1957.

— *Psałterz Dawidów,* ed. Jerzy Ziomek, Wrocław, 1960.

— *Treny,* ed. Julian Krzyżanowski, Varsovia, 1967.

— *Dworzanki czyli Książeczka epigramatów [Foricoenia sive epigrammatum libellus],* trad. Zygmunt Kubiak (latín-polaco), Varsovia, 1989.

— *Poezje,* ed. Juliusz Wiktor Gomulicki, Cracovia, 1998.
— *Psałterz Dawidów. W przekładzie Jana Kochanowskiego,* ed. Bogdan Stanaszek, Sandomierz, 2000.
— *Bene atque ornate. Twórczość łacińska Jana Kochanowskiego w świetle lektury retorycznej,* ed. Albert Gorzkowski, Cracovia, 2004.
— *Dzieła wybrane,* ed. Wojciech Rzehak y Anna Popławska, Cracovia, 2006.
— *Pieśni,* ed. Ludwika Szczerbicka-Ślęk, Wrocław, 2008.
— *Fraszki. Pieśni. Treny,* ed. Katarzyna Zioła-Zemczak, Bielsko-Biała, 2019.
— *Treny,* ed. Maria Renata Mayenowa, Lucyna Woronczakowa, Jerzy Axer y Maria Cytowska, Varsovia, 2019.

Mención especial merece el monumental proyecto editorial promovido en 1978 por la Dieta de Polonia en colaboración con el Instituto de Investigaciones Literarias (Instytut Badań Literackich) de la Academia Polaca de Ciencias (Polska Akademia Nauk) para la publicación de las obras completas de Jan Kochanowski en la editorial Zakład Narodowy im. Ossolińskich (Wrocław), bajo el título *Jan Kochanowski. Dzieła wszystkie. Wydanie sejmowe [Jan Kochanowski. Obras completas. Edición de la Dieta].* Hasta el momento han sido publicados los siguientes tomos, de manera no consecutiva:

Tomo I (1982), *Psałterz Dawidów [Salterio de David]; List Jana Kochanowskiego do Stanisława Fogelwedera [Epístola de Jan Kochanowski a Stanisław Fogelweder],* ed. Jerzy Woronczak y Mirosław Perz.
Tomo 0 (1983), *Wprowadzenie wydawnicze do edycji Jan Kochanowski Dzieła wszystkie, Wydanie sejmowe [Introducción de los editores a la edición de las Obras Completas de Jan Kochanowski, edición de la Dieta],* ed. Maria Renata Mayenowa, Jerzy Woronczak, Maria Kaczmarek y Ewa Głębicka.
Tomo II (1983), *Treny [Trenos],* ed. Maria Renata Mayenowa, Lucyna Woronczakowa, Jerzy Axer y Maria Cytowska.
Tomo IV (1992), *Pieśni [Cantos],* ed. Maria Renata Mayenowa, Krystyna Wilczewska, Barbara Otwinowska y Maria Cytowska.
Tomo VII (1997), *Proza [Prosa],* ed. Bogusław Kreja, Barbara Otwinowska y Mikołaj Szymański.

Tomo XI (2021), *Ortografia polska [Ortografía polaca],* ed. Marek Osiewicz y Marcin Kuźmicki.
Tomo VI (2021), *Odprawa posłów greckich [El despido de los emisarios griegos],* ed. Tadeusz Witczak, Marek Osiewicz, Monika Szczot y Marek Janicki.
Tomo V (2022), *Fragmenta [Fragmentos],* ed. Elwira Buszewicz, Barbara Milewska-Waźbińska, Wojciech Ryczek, Krystyna Wilczewska y Zdzisław Zawadzki.

Estudios sobre la obra de Jan Kochanowski (selección)

Abramowska, J., *Jan Kochanowski,* Poznań, 1944.
Banaś-Korniak, T., *Wokół Trenów Jana Kochanowskiego: szkice historycznoliterackie,* Katowice, 2016.
Beliniak, K. (ed.), *Człowiek renesansu,* Varsovia, 2007.
Błoński, J. (ed.), *Jan Kochanowski. Interpretacje,* Cracovia, 1989.
Brahmer, M., *Petrarkizm w poezji polskiej,* Cracovia, 1927.
— *Z dziejów włosko-polskich stosunków kulturalnych,* Varsovia, 1939.
Buchwald-Pelcowa, P., *Dawne wydania dzieł Jana Kochanowskiego,* Varsovia, 1993.
Faleński, F., *Treny Jana Kochanowskiego,* Varsovia, 1866.
Floryan, W., *Forma poetycka Pieśni Jana Kochanowskiego wobec kierunków liryki renesansowej,* Wrocław, 1948.
Głombiowska, Z., *Łacińska i polska muza Jana Kochanowskiego,* Varsovia, 1988.
Grzeszczuk, S., *Treny Jana Kochanowskiego: próba interpretacji,* Wrocław, 1979.
— *Cycero w Trenach Jana Kochanowskiego,* Varsovia, 1985.
Hartleb, M., *Nagrobek Urszulki: studium o genezie i budowie trenów Jana Kochanowskiego,* Cracovia, 1927.
Korolko, M., *Jana Kochanowskiego żywot i sprawy,* Varsovia, 1985.
Krzywy, R., *Sztuka wyborów i dar inwencji. Studium o strukturze gatunkowej poematów Jana Kochanowskiego,* Varsovia, 2008.
Krzyżanowski, J., *Jan Kochanowski i Humanizm w Polsce,* Varsovia, 1947.
— *Poeta czarnoleski,* Varsovia, 1984.
Libera, Z., y Żurowski, M. (eds.), *Jan Kochanowski i kultura Odrodzenia,* Varsovia, 1985.

MALICKI, Jan (ed.), *W kręgu Jana Kochanowskiego. W czterechsetlecie śmierci,* Katowice, 1989.
MAYENOWA, M., *O języku poezji Jana Kochanowskiego,* Cracovia, 1983.
MICHAŁOWSKA, T., *Jan Kochanowski i epoka renesansu,* Varsovia, 1984.
MOROLKO, M., *Kochanowski. Z dziejów badań i recepcji twórczości,* Varsovia, 1980.
NIEZNANOWSKI, S. y ŚWIĘCH, J. (eds.), *Jan Kochanowski w czterechsetlecie śmierci. Materiały z międzynarodowej sesji naukowej. Lublin, Zamość, Czarnolas 21-25 maja 1984,* Lublin, 1991.
NOWAK, Z., *Jan Kochanowski. Twórczość i recepcja,* Katowice, 1985.
PELC, J., *Jan Kochanowski w tradycjach literatury polskiej,* Varsovia, 1965.
— BUCHWALD, P., y OTWINOWSKA, B., *Jan Kochanowski 1584-1594. Epoka, twórczość, recepcja,* Lublin, 1989.
— *Jan Kochanowski. Szczyt renesansu w literaturze polskiej,* Varsovia, 2001.
PISZCZKOWSKI, M., *Wieś w literaturze polskiego renesansu,* Cracovia, 1959.
ROSPOND, St., *Język i artyzm językowy Jana Kochanowskiego,* Wrocław, 1961.
RYTEL, J., *Jan Kochanowski,* Varsovia, 1974.
SOKOLSKI, J., *Lipa, Chiron i labirynt. Esej o Fraszkach,* Wrocław, 1998.
— *Świat Jana Kochanowskiego,* Wrocław, 2000.
STANISZEWSKI, A., *Nasz kochany Jan Kochanowski. Tradycja czarnoleska w zaborze pruskim 1795-1939,* Varsovia, 1988.
TRACZYK, St., *Kochanowscy i Czarnolas. Przewodnik historyczno-krajoznawczy,* Lublin, 2000.
WALECKI, W., *Twórczość łacińska Jana Kochanowskiego,* Wrocław, 1978.
WEINTRAUB, W., *Rzecz czarnoleska,* Cracovia, 1977.
— *Nowe studia o Janie Kochanowskim,* Cracovia, 1991.
WINDAKIEWICZ, St., *Jan Kochanowski,* Varsovia, 1947.
ZIOMEK, J., *Literatura Odrodzenia,* Varsovia, 1987.
ŻELAZNY, J., *Bóg tylko. Fascynacje religijne Jana z Czarnolasu,* Łomża, 2000.

Fuentes textuales, ensayos literarios y monografías sobre el Renacimiento en Polonia (selección)

Abramowska, J., *Ład i Fortuna. O tragedii renesansowej w Polsce,* Wrocław, 1974.

Backvis, C., *Manieryzm, czyli barok u schyłku* xvi *wieku na przykładzie Mikołaja Sępa Szarzyńskiego,* Varsovia, 1975.

— *Szkice o kulturze staropolskiej,* Varsovia, 1975.

Bąk, G., *El humanismo en Polonia,* en *Teoría del Humanismo,* vol. 7, Pedro Aullón de Haro (ed.), Madrid, 2010, págs. 219-254.

Bar, A., *Słownik pseudonimów i kryptonimów pisarzy polskich,* Cracovia, 1936.

Barycz, H., *Drogi kulturalnego rozwoju Jana Kochanowskiego i jego rodu,* Cracovia, 1981.

Bieńkowski, T., *Mikołaj Rej. W czterechsetlecie śmierci,* Wrocław, 1971.

Borowski, A., *Pojęcie i problem renesansu północnego,* Cracovia, 1987.

— *Renesans,* Varsovia, 1992.

Brahmer, M., *Powinowactwa polsko-włoskie,* Varsovia, 1980.

— *Petrarkizm w poezji polskiej XVI wieku,* Cracovia, 1987.

Brückner, A., *Encyklopedia staropolska,* Varsovia, 1939.

— *Dzieje kultury polskiej,* Varsovia, 1958.

— *Różnowiercy polscy,* Varsovia, 1962.

Budzyński, J., *Horacjanizm w liryce polsko-łacińskiej renesansu i baroku,* Wrocław, 1985.

Chrzanowski, I., *Historia literatury polskiej,* Varsovia, 1974.

Czubiński, A., Topolski, J., *Historia Polski,* Wrocław, 1989.

Dantyszek, J., *Pieśni,* ed. A. Kamieńska, Olsztyn, 1973.

Davies, N., *God's Playground. A History of Poland,* Oxford, 1983.

Delumeau, J., *Strach w kulturze Zachodu XVI-XVII wieku,* Varsovia, 1986.

Domański, J., *Początki humanizmu,* Wrocław, 1982.

Dziechcińska, H., *Z dziejów życia literackiego w Polsce XVI y XVII wieku,* Wrocław, 1980.

Fontán, A., y Axer, J. (eds.), *Españoles y polacos en la corte de Carlos V. Cartas del embajador Juan Dantisco,* Madrid, 1994.

Freeborn, R., y Ward, Ch. A. (eds.), *Russian and Slavic literature to 1917,* Cambridge Mass., 1975.

Frycz-Modrzewski, A., *Dzieła wszystkie,* Varsovia, 1959.
Furmanik, S., *Podstawy wersyfikacji polskiej,* Varsovia, 1947.
Głowiński, M., *Portret Marchołta,* Cracovia, 1990.
Górnicki, Ł., *Dworzanin polski,* ed. R. Pollak, Wrocław, 1954.
Górski, K., *Mikołaj Kopernik. Środowisko społeczne i samotność,* Wrocław, 1973.
— *Zarys dziejów duchowości w Polsce,* Cracovia, 1986.
Iłowiecki, M., *Dzieje nauki polskiej,* Varsovia, 1981.
Jelicz, A. (ed.), *Antologia poezji polsko-łacińskiej (1470-1543),* Szczecin, 1985.
Kleiner, J., y Maciąg, W., *Zarys dziejów literatury polskiej,* Wrocław, 1985.
Klemensiewicz, Z., *Historia języka polskiego, I, Doba Staropolska,* Varsovia, 1961.
Korolko, M., *Andrzej Frycz-Modrzewski. Humanista, pisarz,* Varsovia, 1978.
— *Sztuka retoryki,* Varsovia, 1990.
Kotarska, J., *Erotyk staropolski,* Wrocław, 1980.
Krzewińska, A., *Sielanka staropolska,* Varsovia, 1974.
Krzyżanowski, J., *Dzieje literatury polskiej, Od początków do czasów najnowszych,* Varsovia, 1972.
— *Historia literatury polskiej,* Varsovia, 1978.
Lewanski, R. C., *The Slavic literatures,* Nueva York, 1967.
Lewański, J., *Dramat i teatr średniowiecza i renesansu w Polsce,* Varsovia, 1981.
Lichański, J., *Łukasz Górnicki,* Wrocław, 1982.
Łempicki, S., *Renesans i humanizm w Polsce. Materiały do studiów,* Varsovia, 1952.
Michałowska, T., *Średniowiecze,* Varsovia, 1997.
Mihailovich, V. (ed.), *Modern Slavic literatures,* 2 vols., Nueva York, 1972.
Milner-Gulland, R., y Ward, Ch. A. (eds.), *Russian and Slavic literature,* Cambridge Mass., 1975.
Miłosz, Cz., *History of Polish Literature,* Londres, 1969.
Nowak, Z., *Jan Dantyszek. Portret renesansowego humanisty,* Gdańsk, 1982.
Odriozola, A., *Estanislao Polono: Un extraordinario impresor polaco en la España de los siglos XV y XVI (1491-1504),* Pontevedra, 1982.

ORZECHOWSKI, S., *Wybór pism,* ed. J. Starnawski, Wrocław, 1956.
OTWINOWSKA, B., *Język, naród, kultura. Motywy i antecedencje renesansowej myśli o języku,* Wrocław, 1974.
PELC, J., *Problemy literatury staropolskiej,* Wrocław, 1978.
— *W kręgu renesansu y romantyzmu,* Varsovia, 1979.
— *Literatura staropolska i jej związki europejskie,* Varsovia, 1981.
— *Renesans w literaturze polskiej w kontekście europejskim,* Varsovia, 1983.
— *Europejskość i polskość literatury naszego renesansu,* Varsovia, 1988.
PRESA GONZÁLEZ, F. (ed.), *Historia de las literaturas eslavas,* Madrid, 1997.
— *Antología de la poesía polaca desde sus orígenes hasta la primera guerra mundial,* Madrid, 2006.
RASZEWSKI, Z., *Krótka historia teatru polskiego,* Varsovia, 1977.
REJ, M., *Wybór pism,* ed. J. Śląski, Varsovia, 1975.
RYBICKI, P., *Odrodzenie,* Wrocław, 1970.
SARNOWSKA-TEMERIUSZ, E., *Droga na Parnas. Problemy staropolskiej wiedzy o poezji,* Wrocław, 1974.
— *Poetyka okresu renesansu,* Wrocław, 1982.
— *Zarys dziejów poetyki (Od starożytności do końca XVII wieku),* Varsovia, 1985.
SIEDLECKI, F., *Studia z metryki polskiej,* Wilno, 1987.
SKOWRON, R., *Dyplomaci polscy w Hiszpanii w XVI i XVII wieku,* Varsovia, 1997.
SOKOŁOWSKA, J. (ed.), *Poeci renesansu,* Varsovia, 1959.
— *Patrząc na rozmaite świata tego sprawy. Antologia polskiej poezji renesansowej,* Varsovia, 1984.
SZMYDTOWA, Z., *Rej wobec Erazma,* Varsovia, 1979.
— *W kręgu renesansu i romantyzmu,* Varsovia, 1979.
ŚLĄSKI, J., *Literatura staropolska w kontekście europejskim,* Wrocław, 1978.
— *Wokół literatury włoskiej, węgierskiej y polskiej w epoce renesansu,* Varsovia, 1991.
ŚWIEŻAWSKI, S., *Między średniowieczem a czasami nowymi. Sylwetki myślicieli XV wieku,* Varsovia, 1983.
TAZBIR, J. (ed.), *Literatura antyjezuicka w Polsce, 1578-1625,* Varsovia, 1963.
TOPOLSKI, J., *An Outline History of Poland,* Varsovia, 1986.

Twardowski, J., *Jan Ludwik Vives i Andrzej Frycz Modrzewski,* Cracovia, 1921.
Ulewicz, T., *Wśród impresorów krakowskich doby renesansu,* Cracovia, 1977.
Weintraub, W., *Rzecz czarnoleska,* Cracovia, 1977.
Zabłocki, S., *Od prerenesansu do oświecenia,* Varsovia, 1976.
Zawodziński, K., *Studia wersyfikacji polskiej,* Wrocław, 1954.
Ziomek, J., *Renesans,* Varsovia, 1973.
— *Retoryka opisowa,* Wrocław, 1990.
Żukowska, K., *Poeci polscy od średniowiecza do baroku,* Varsovia, 1977.

Traducciones de «Trenos» de Jan Kochanowski (selección)

Alemán

Ausgewählte Dichtungen, trad. Willi Hoepp, Volker Ebersbach, Henryk Bereska *et al.,* Leipzig, Reclam, 1980.
Die Dichter Polens, Hundert Autoren vom Mittelalter bis heute, trad. Karl Dedecius, Frankfurt am Main, Suhrkamp, 1983.
Thraenen, trad. Ursula Kiermeier, Cracovia, Wydawnictwo Krakowskie, 2000.

Árabe

Al-šiʿr al-būlandī fī ẖamsat qurūn min Kuhanovski ḥattà, trad. Hātif Ǧānabī (Hatif Janabi), Aṭ-Ṭabʿa al-ʾūlà, Bagdad, 2021.

Bielorruso

Trèny, trad. Anatol Brusevich, *Tèrmapily,* 14, 2010.

Búlgaro

Iz Zhalbi, trad. Bojan Biolchev, en *Slavjanski literaturi-obrazci,* Ch. I, ed. Emil Georgiev, Sofía, 1977.

Iz Treni (tren I, XI); iz Pesni (pesen XII); iz Frashki, trad. Ivan Vălev, *Penorama,* 4, 1984.
Pokoj i ljutnja, trad. Ivan Vălev, Sofía, Narodna Kultura, 1985.

Casubio

Jiscënczi, trad. Janusz Mamelski, Gdynia, Wydawnictwo Region, 2009.

Croata

Žalopojke, trad. Neda Pintarić, Rijeka, Maveda, 2013.

Checo

Treny a Frašky, trad. Jan Kárník, Praga, 1928.
Treny, trad. Emanuel Chalupný, Praga, 1928.
Žalozpěvy, trad. Jan Pilař, Anna Poustová, Praga, Odeon, 1984.

Chino

Bōlán Shī Xuǎn, trad. Hongliang Lin, Zhenhui Zhang, Lijun Yi, Zuòjiā Chūbǎnshè, 2023.

Eslovaco

Jan Kochanowski. Renesančná lýra, Bratislava, Tatran, 1970.

Esloveno

Žalostink. Lirika Kochanowskega, trad. Lojze Krakar, Liubliana, Mladinska Knjiga, 1976.

Antologija poljske ljubezenske lirike, trad. Rozka Štefanova, Radovljica, 1999.

Francés

Thrènes, trad. Lucien Roquigny, préface d'Adolphe van Bever, 1919.
Les thrènes, trad. Edmond Marek, Toulouse, Club Polonia-Nord, 2002.

Griego moderno

Thrinoi, trad. Dimitris Chouliarakis, Atenas, Ekdóseis Gavrilidis, 2009.

Húngaro

Mikołaj Rej, Jan Kochanowski, Mikołaj Sęp Szarzyński versei, trad. Kálnoky László *et al.*, Budapest, Európa, 1980.

Inglés

Laments, trad. Dorothea Prall, Berkeley, University of California Press, 1920.
Laments, trad. Seamus Heaney, Stanisław Barańczak, Nueva York, Farrar, Straus and Giroux, 1995.

Italiano

Lamenti, trad. Enrico Damiani, Roma, Sezione Romana dell'Associazione Adamo Mickiewicz, 1926.
Treny / Treni / Lamenti, trad. Umberto Norsa, Enrico Damiani, ed. Giulia Olga Fasoli e introd. Luigi Marinelli, Lugano, Agorà & Co., 2020.

Japonés

Poketto-no naka-no Tōō bungaku, trad. Tokimasa Sekiguchi, Yokohama, Seibunsha, 2006.
Banka, trad. Tokimasa Sekiguchi, Tokio, Michitani, 2013.

Latín

Threni Joannis Cochanovii Poetarum Polonorum Principis, en *Carmina,* trad. Franciszek Dionizy Kniaźnin (1750-1807), Varsovia, Drukarnia Nadworna Jego Królewskiej Mości, 1791.
Ioannis Cochanovii Threni in linguam latinam, trad. Franciszek Dionizy Kniaźnin (1750-1807), ed. Ewa Jolanta Głębicka, Varsovia, Państwowy Instytut Wydawniczy, 1981.

Rumano

Lamentații, trad. Passionaria Stoicescu y Constantin Geambașu, Editorial de la Universidad de Bucarest, 2012.

Ruso

Izbrannye Proizvedenia, trad. Serguei Sovetov, Leningrado, Akademia Nauk (URSS), 1960.
Stijotvorenia. Sbornik, trad. David Samoilov, Moscú, Izdatelstvo Judozhestvennaia literatura, 1980.

TRENY

TRENOS

ORSZULI KOCHANOWSKIEJ,

WDZIĘCZNEJ, UCIESZNEJ, NIEPOSPOLITEJ DZIECINIE, KTÓRA, CNÓT WSZYSTKICH I DZIELNOŚCI PANIEŃSKIEJ POCZĄTKI WIELKIE POKAZAWSZY, NAGLE, NIEODPOWIEDNIE, W NIEDOSZŁYM WIEKU SWOIM, Z WIELKIM A NIEZNOŚNYM RODZICÓW SWYCH ŻALEM ZGASŁA.

JAN KOCHANOWSKI, NIEFORTUNNY OCIEC, SWOJEJ NAMILSZEJ DZIEWCE Z ŁZAMI NAPISAŁ.

NIE MASZ CIĘ, ORSZULO MOJA!

A ÚRSULA KOCHANOWSKA,

NIÑA GRATA, ALEGRE, EXTRAORDINARIA, LA CUAL, HABIENDO DADO MUESTRA INCIPIENTE DE TODAS LAS VIRTUDES Y CUALIDADES PROPIAS DE UNA JOVEN DAMA, SE APAGÓ REPENTINAMENTE, A DESTIEMPO, A EDAD PREMATURA, CAUSANDO UNA GRAN E INSUFRIBLE PENA A SUS PADRES.

JAN KOCHANOWSKI, SU DESVENTURADO PADRE, LO ESCRIBIÓ CON LÁGRIMAS PARA SU AMADÍSIMA NIÑA.

¡NO ESTÁS, ÚRSULA MÍA!

Tales sunt hominum mentes, quali pater ipse
Juppiter auctiferas lustravit lumine terras.

Tales sunt hominum mentes, quali pater ipse
Juppiter auctiferas lustravit lumine terras[1].

[1] «Tales son las voluntades de los hombres, cuales son las influencias que al mismo padre Júpiter le parece enviar sobre la tierra» (Homero, *Odisea,* XVIII, 135). Véase la nota 98 de la Introducción.

TREN I

Wszytki płacze, wszytki łzy Heraklitowe
  I lamenty, i skargi Symonidowe,
Wszytki troski na świecie, wszytki wzdychania
  I żale, i frasunki, i rąk łamania,

TRENO I

Todos los llantos, todas las lágrimas y lamentos
De Heráclito[2] y los quejidos de Simónides[3],
Todas las turbaciones del mundo, todos los suspiros
Y penas y aflicciones y torsiones de manos,

---

[2] Los filósofos griegos Heráclito y Demócrito representan dos actitudes opuestas ante la vida: el primero encarna la tristeza, el pesimismo, la gravedad; el segundo simboliza la alegría, el optimismo, la burla. La literatura y la pintura, principalmente, hicieron de ellos temas recurrentes a la hora de representar estas posturas vitales, siendo inmortalizados como *el filósofo que llora* (Heráclito) y *el filósofo que ríe* (Demócrito). Eco de ello en la literatura española se hizo Baltasar Gracián, que en la segunda parte de *El criticón,* en su *Crisi II, Los prodigios de Salastano,* se refiere a Heráclito cuando escribe: «Hallábase allí don Juan de Balboa, teniente de maese de campo general, y don Alonso de Mercado, capitán de corazas españolas, ambos muy bien hablados, tan alumnos de Minerva como de Belona, con otros de su discreción bizarra. Tenía uno en la mano, celebrando con lindo gusto, una redomilla llena de las lágrimas y suspiros de aquel filósofo llorón, que más abría los ojos para llorar que para ver, cuando de todo se lamentaba». Y alude a Demócrito inmediatamente cuando dice: «Yo —dijo Balboa— más estimara un otro frasquillo de las carcajadas de aquel otro socarrón, su antípoda, que de todo se reía» (Baltasar Gracián, *Obras completas,* edición de Arturo del Hoyo, Madrid, Aguilar, 1967, págs. 688-689). En el caso de la pintura, una de las representaciones más conocidas es la de Rubens (1577-1640) y su óleo *Heráclito y Demócrito* (1603).

[3] El poeta lírico Simónides de Ceos (556-468 a. C.) fue autor de numerosos epitafios, trenos y epicedios, a cuya composición dotó de forma artística hasta el punto de ser considerado el creador del modelo que estableció las convenciones del género.

Wszytki a wszytki za raz w dom się mój noście,
A mnie płakać mej wdzięcznej dziewki pomoście,
Z którą mię niepobożna śmierć rozdzieliła
I wszytkich moich pociech nagle zbawiła!
Tak więc smok, upatrzywszy gniazdko kryjome,
Słowiczki liche zbiera, a swe łakome
Gardło pasie; tymczasem matka szczebiece
Uboga, a na zbójcę coraz się miece,
Prózno! bo i na samę okrutnik zmierza,
A ta nieboga ledwe umyka pierza.
«Prózno płakać» — podobno drudzy rzeczecie.

Todos, venid a mi morada todos juntos
    Y ayudadme a llorar a mi risueña niña,
De la que me ha separado la impía muerte,
    Privándome de súbito de todas mis alegrías.
Así es: un dragón[4] que, habiendo puesto la vista en un nido
[oculto,
    Elige unos infaustos ruiseñores y sacia su glotona
Garganta; mientras tanto, la infeliz madre
    Gorjea y se abalanza, una y otra vez, sobre el bellaco,
¡Es en vano! porque el cruel se dirige hacia ella
    Y la desventurada salva su plumaje por muy poco.
«Es inútil llorar», como decís algunos.

---

[4] Imagen inspirada en la *Ilíada* de Homero, en el discurso de Odiseo del Canto II *(El ensueño. Prueba. Beocia o Catálogo de las naves):* «[...] allí mismo mostróse un gran prodigio: / Una serpiente de encarnado lomo / espantosa, que echó, naturalmente, / el propio dios Olímpico a la luz, / saltando de debajo del altar, / al plátano lanzóse, en efecto. / Y allí de un gorrión había crías, / infelices polluelos, de una rama / en lo más alto, bajo unas hojas, / agazapados, ocho, / que hacían con la madre / que los pariera un grupo de nueve. / Allí íbalos la sierpe devorando, / a ellos que piaban y seguían / piando con piídos lastimeros; / la madre en torno revoloteaba / de sus queridos hijos, lamentando / su suerte, pero a ella la apresó, / tras haberse enroscado, la serpiente, / cogiéndola del ala en tanto que ella / chillaba sin cesar de un lado al otro. / Pero una vez que había devorado / a los gorriatos y a la propia madre, / a la serpiente la volvió invisible / el dios precisamente / que visible la hiciera; / pues convirtióla en piedra el dios hijo / de Crono el de torcidos pensamientos. / Y nosotros, de pie, ante este prodigio / producido quedábamos suspensos, /cuando en las hecatombes de los dioses / los horrendos portentos penetraron» (Homero, *Ilíada,* edición de Antonio López Eire, Madrid, Cátedra, Letras Universales, 101, 2004, págs. 97-98).

Cóż, prze Bóg żywy, nie jest prózno na świecie?
Wszytko prózno! Macamy, gdzie miękcej w rzeczy,
A ono wszędy ciśnie! Błąd — wiek człowieczy!
Nie wiem, co lżej: czy w smutku jawnie żałować,
Czyli się z przyrodzeniem gwałtem mocować?

¿Acaso, por Dios vivo[5], no es vano todo en el mundo?[6].
¡Todo es vano! Tocamos donde supuestamente es más blando,
¡Y él oprime en todas partes! ¡La vida del hombre es errar!
No sé qué es más liviano: ¿lamentarse abiertamente por la [tristeza
O luchar con furia contra la naturaleza humana?

[5] En la Biblia encontramos en numerosas ocasiones el atributo *vivo* referido a Dios para diferenciarlo de los ídolos, carentes de vida. En este sentido, *Dios vivo* equivale a *Dios verdadero* frente a los ídolos sin vida, que serían dioses falsos. Así queda reflejado con claridad en Jr 10, 8-15: «Todos a una no son sino suma estupidez y necedad; su entendimiento, pura nada; no son más que un madero; plata laminada venida de Tarsis, oro de Ofir, obra de escultor y de orfebre, vestida de púrpura y jacinto, todo es obra de artífices. Pero Yavé es verdadero Dios, el Dios vivo y rey eterno [...] Embrutecióse el hombre sin conocimiento; los orífices se cubrieron de ignominia haciendo sus ídolos, pues no funden sino vanidades, que no tienen vida, nada, obra ridícula» (Sagrada Biblia, *op. cit.*, pág. 857).

[6] Ecl 1, 2: «Vanidad de vanidades, dijo el Cohelet; vanidad de vanidades; todo es vanidad» (Sagrada Biblia, *op. cit.*, pág. 714).

TREN II

Jeslim kiedy nad dziećmi piórko miał zabawić,
A kwoli temu wieku lekkie rymy stawić,
Bodajże bych był raczej kolebkę kołysał
I z drugimi nieważne mamkom pieśni pisał,
Którymi by dziecinki noworodne spiły
I swoich wychowańców lamenty toliły!
Takie fraszki mnie zbierać pożyteczniej było,
Niżli, w co mię nieszczęście moje dziś wprawiło,
Płakać nad głuchym grobem mej wdzięcznej dziewczyny
I skarżyć się na srogość ciężkiej Prozerpiny.
Alem użyć w obojgu jednakiej wolności
Nie mógł: owom ominął, jako w dordzałości
Dowcipu coś ranego; na to mię przygoda
Gwałtem wbiła i moja nienagrodna szkoda.
Ani mi teraz łacno dowiadać się o tym,
Jaka mię z płaczu mego czeka cześć na potym.

TRENO II

¡Si hubiera tenido que usar alguna vez la pluma para los niños
   Y componer versos ligeros, apropiados a su edad,
Probablemente habría sido mejor, hubiera mecido una cuna
   Y, como otros, hubiese escrito nanas para las nodrizas
Con las que dormir a los recién nacidos
   Y calmar el llanto de sus pupilos!
Me habría sido más provechoso compilar tales bagatelas
   Que esto a lo que hoy me ha llevado mi desgracia:
Llorar sobre la tumba sorda de mi risueña niña
   Y lamentarme de la crueldad de la feroz Proserpina[7].
Pero no pude en ambos casos
   Gozar de la misma libertad: esquivé aquello, como algo
[pueril
En la madurez del talento; y por eso la desventura
   Se abalanzó violentamente sobre mí y el daño no me fue
[reparado.
Ahora no me es fácil pensar
   En la fama que me espera por mi llanto[8] en la posteridad.

---

[7] Proserpina, hija de Zeus y esposa de Plutón, es el nombre latino de la musa griega Perséfone, diosa de los infiernos y reina de los muertos.

[8] Kochanowski se refiere con su llanto a estos *Trenos* como obra en proceso de creación y de la que está convencido que ha de reportarle gran fama en el futuro.

Nie chciałem żywym śpiewać, dziś umarłym muszę,
  A cudzej śmierci płacząc, sam swe kości suszę.
Prózno to! Jakie szczęście ludzi naszladuje,
  Tak w nas albo dobrą myśl, albo złą sprawuje.
O prawo krzywdy pełne! O znikomych cieni
  Sroga, nieubłagana, nieużyta ksieni!
Tak li moja Orszula, jeszcze żyć na świecie
  Nie umiawszy, musiała w ranym umrzeć lecie?
I nie napatrzawszy się jasności słonecznej
  Poszła, nieboga, widzieć krajów nocy wiecznej.
A bodaj ani była świata oglądała!
  Co bowiem więcej, jeno ród a śmierć poznała?
A miasto pociech, które winna z czasem była
  Rodzicom swym, w ciężkim je smutku zostawiła.

No quise cantar a los vivos, hoy tengo que hacerlo a los
[muertos.
Y llorando una muerte ajena me consumo de nostalgia.
¡Es en vano! Así como el destino sigue las huellas de la gente,
Así provoca en nosotros serenidad o turbación del espíritu.
¡Oh, ley llena de daño! ¡Oh, princesa
De etéreas sombras, cruel, ineluctable!
¿Acaso mi Úrsula, sin haber aprendido aún
A vivir en el mundo, tenía que morir a tan temprana edad?
¡Y sin apenas haber visto el resplandor del sol
Partió, infeliz, para ver las regiones de la noche eterna!
¡Ni siquiera había contemplado el mundo!
Porque ¿qué más conoció? Solo el nacimiento y la muerte.
Y en lugar de esa alegría que con el tiempo habría procurado
A sus padres, los dejó sumidos en una profunda tristeza.

TREN III

Wzgardziłaś mną, dziedziczko moja ucieszona!
  Zdałać się ojca twego barziej uszczuplona
Ojczyzna, niżlibyś ty przestać na niej miała.
  To prawda, żeby była nigdy nie zrównała
Z ranym rozumem twoim, z pięknymi przymioty,
  Z których się już znaczyły twoje przyszłe cnoty.
O słowa! o zabawo! o wdzięczne ukłony!
  Jakożem ja dziś po was wielce zasmucony!
A ty, pociecho moja, już mi się nie wrócisz
  Na wieki ani mojej tesknice okrócisz!
Nie lza, nie lza, jedno się za tobą gotować
  A stopeczkami twymi ciebie naszladować.
Tam cię ujźrzę, da Pan Bóg, a ty więc z drogimi
  Rzuć się ojcu do szyje ręczynkami swymi!

TRENO III

¡Me desdeñaste, mi alegre heredera!
   Lo ocurrido mermó más el patrimonio de tu padre
Que si lo hubieras heredado.
   Es verdad que nunca se igualó
A tu precoz talento, a las bellas cualidades
   Que anunciaban tus futuras virtudes.
¡Oh, palabras! ¡Oh, juegos! ¡Oh, saludos donosos!
   ¡Hoy me siento tan triste sin vosotros!
¡Y tú, consuelo mío, no volverás a mí
   Ya nunca, ni aplacarás mi dolor!
Imposible, imposible, solo queda prepararse para ir después
[de ti
   Y caminar tras las huellas de tus pequeños pies.
Te veré allí, si Dios quiere, junto a los seres queridos, y
[entonces tú
   ¡Lánzate con tus manitas al cuello de tu padre!

TREN IV

Zgwałciłaś, niepobożna Śmierci, oczy moje,
  Żem widział umierając miłe dziecię swoje!
Widziałem, kiedyś trzęsła owoc niedordzały,
  A rodzicom nieszczęsnym serca się krajały.
Nigdyć by ona była bez wielkiej żałości
  Mojej umrzeć nie mogła, nigdy bez ciężkości
I serdecznego bolu, w którymkolwiek lecie
  Mnie by smutnego była odbiegła na świecie;
Alem ja już z jej śmierci nigdy żałościwszy,
  Nigdy smutniejszy nie mógł być ani teskliwszy.
A ona, (by był Bóg chciał), dłuższym wiekiem swoim
  Siła pociech przymnożyć mogła oczom moim.
A przynamniej tymczasem mogłem był odprawić
  Wiek swój i Persefonie ostatniej się stawić,

TRENO IV

¡Violaste, impía Muerte, mis ojos,
   Pues vi morir a mi amada hija!
Vi cómo sacudías el fruto inmaduro,
   Y los corazones de los infelices padres se quebraron.
Ella nunca habría muerto sin causarme
   Una enorme tristeza, nunca sin sufrimiento
Y dolor de corazón, a cualquier edad
   Habría sido triste para mí que me abandonara en este
[mundo;
Y es que, a causa de su muerte, nunca estuve más afligido
[que ahora,
   Nunca podría estar más triste, ni más doliente.
Ella (si Dios lo hubiera querido) con más edad
   Habría multiplicado tanto la alegría ante mis ojos.
Y en ese tiempo, al menos, podría haber despedido
   Mi vida, y presentarme ante la última Perséfone[9]

[9] Musa griega, diosa de los infiernos y reina de los muertos.

Nie uczuwszy na sercu tak wielkiej żałości,
Której równia nie widzę w tej tu śmiertelności.
Nie dziwuję Niobie, że na martwe ciała
Swoich namilszych dziatek patrząc skamieniała.

No habiendo sentido en el corazón un dolor tan inmenso
Que nada veo que igualarlo pueda en este mortífero lugar.
No me asombra que Niobe[10] se petrificara al contemplar
Los cuerpos muertos de sus amados hijos.

[10] Niobe es un personaje de la mitología griega, la esposa de Anfión, rey de Tebas, con quien tuvo catorce hijos. Niobe se burlaba de Leto, madre de Apolo y Artemisa, por su escasa descendencia; sin embargo, eran objeto de culto como divinidades, lo que provocó en Niobe una irreprimible envidia que la condujo a llevar a cabo diversos actos de arrogancia. Apolo, para vengarse de Niobe, mató a sus hijos varones, y Artemisa a sus hijas. Cuando Niobe contempló los cadáveres de todos sus hijos muertos quedó petrificada. El viento, después, la transportó hasta el monte Sípilo, en Lidia, donde puede contemplarse una roca de mármol con forma de mujer de la que emanan lágrimas incesantemente.

TREN V

Jako oliwka mała pod wysokim sadem
  Idzie z ziemie ku górze macierzyńskim śladem,
Jeszcze ani gałązek, ani listków rodząc,
  Sama tylko dopiro szczupłym prątkiem wschodząc:
Tę, jesli ostre ciernie lub rodne pokrzywy
  Uprzątając, sadownik podciął ukwapliwy,
Mdleje zaraz, a zbywszy siły przyrodzonej,
  Upada przed nogami matki ulubionej.
Takci się mej namilszej Orszuli dostało:
  Przed oczyma rodziców swoich rostąc, mało
Od ziemie się co wznióswszy, duchem zaraźliwym
  Srogiej Śmierci otchniona, rodzicom troskliwym
U nóg martwa upadła. O zła Persefono,
  Mogłażeś tak wielu łzam dać upłynąć płono?

TRENO V

Como un pequeño olivo que bajo un alto frutal
Asciende desde la tierra tras las huellas maternas;
Aún no brotan ni ramitas ni hojitas,
Apenas ha empezado a alzarse un fino tallo;
En esto, un hortelano, impetuoso, lo corta
Mientras arranca punzantes espinos y abundantes ortigas,
Se desvanece súbito, y perdida la fortaleza innata,
Cae a los pies de su querida madre.
Así le sucedió a mi amadísima Úrsula.
Cuando crecía ante los ojos de sus padres y apenas
Se había alzado sobre la tierra, envuelta por el espíritu maligno
De la cruel Muerte, cayó sin vida a los pies
De sus afligidos padres. ¡Oh, malvada Perséfone![11]
¿Cómo pudiste permitir que se derramaran inútilmente
[tantas lágrimas?

[11] Véase la nota 9.

TREN VI

Ucieszna moja śpiewaczko! Safo słowieńska!
  Na którą nie tylko moja cząstka ziemieńska,
Ale i lutnia dziedzicznym prawem spaść miała!
  Tęś nadzieję już po sobie okazowała,
Nowe piosnki sobie tworząc, nie zamykając
  Ustek nigdy, ale cały dzień prześpiewając,
Jako więc lichy słowiczek w krzaku zielonym
  Całą noc prześpiewa gardłkiem swym ucieszonym.
Prędkoś mi nazbyt umilkła! Nagle cię sroga
  Śmierć spłoszyła, moja wdzięczna szczebiotko droga!
Nie nasyciłaś mych uszu swymi piosnkami
  I tę trochę teraz płacę sowicie łzami.
A tyś ani umierając śpiewać przestała,
  Lecz matkę, ucałowawszy, takeś żegnała:

TRENO VI

¡Mi alegre cantora! ¡Oh, Safo[12] eslava!
¡A quien no solo mi hacienda,
Sino también mi laúd[13] le correspondía recibir por derecho
[a la herencia!
Tú encarnabas esta esperanza
Creando nuevos cantos, no cerrando
Nunca la boquita, al contrario, cantando todo el día
Como un pequeño ruiseñor que, en un arbusto verde,
Trina con su alegre gargantita durante toda la noche.
¡Te callaste demasiado pronto! ¡La cruel muerte
Te espantó súbitamente, mi grata y amada cantora!
No saciaste mis oídos con tus cantos,
Y ahora pago ampliamente eso poco con mis lágrimas.
No cesaste de cantar ni aun muriendo,
Y a tu madre, habiéndola besado, así la despediste:

---

[12] Safo de Lesbos (VII a. C.-VI a. C.) fue una poetisa griega de la que se tiene escasa información. Vivió a caballo de los siglos VII y VI a. C. y se conservan solo unos centenares de versos, entre los que se cuentan diversos poemas dedicados a algunas de las mujeres con las que compartió su vida. Su homosexualidad dio origen al término *lesbianismo*. También son célebres sus epitalamios, cantos nupciales de novedosa forma métrica de la cual proviene la denominada estrofa sáfica.

[13] Kochanowski se refiere al laúd como símbolo del talento poético y de la armonía en la composición, equivalente a la lira según el concepto de la mitología griega, símbolo de la poesía y la música.

«Już ja tobie, moja matko, służyć nie będę
  Ani za twym wdzięcznym stołem miejsca zasiędę;
Przyjdzie mi klucze położyć, samej precz jechać,
  Domu rodziców swych miłych wiecznie zaniechać».
To, i czego żal ojcowski nie da serdeczny
  Przypominać więcej, był jej głos ostateczny.
A matce, słysząc żegnanie tak żałościwe,
  Dobre serce, że od żalu zostało żywe.

«Ya no te serviré, madre mía,
  Ni ocuparé un sitio sentada a tu grata mesa;
Me llegará la hora de dejar las llaves, de partir sola,
  De abandonar para siempre el hogar de mis amados
[padres».
Estas y otras que el íntimo desconsuelo paterno
  No me permite recordar fueron sus últimas palabras.
Y el vigoroso corazón de la madre quedó vivo
  Tras el tormento de escuchar tan dolorosa despedida.

TREN VII

Nieszczęsne ochędóstwo, żałosne ubiory
  Mojej namilszej cory!
Po co me smutne oczy za sobą ciągniecie?
  Żalu mi przydajecie.
Już ona członeczków swych wami nie odzieje —
  Nie masz, nie masz nadzieje!
Ujął ją sen żelazny, twardy, nieprzespany.
  Już letniczek pisany
I uploteczki wniwecz, i paski złocone,
  Matczyne dary płone.
Nie do takiej łożnice, moja dziewko droga,
  Miała cię mać uboga
Doprowadzić! Nie takąć dać obiecowała
  Wyprawę, jakąć dała!
Giezłeczkoć tylko dała a lichą tkaneczkę;
  Ojciec ziemie bryłeczkę
W główki włożył. Niestetyż, i posag, i ona
  W jednej skrzynce zamkniona!

TRENO VII

¡Ropas desventuradas, vestidos infelices
   De mi hija amadísima!
¿Por qué arrastráis hacia vosotros mis tristes ojos?
   Me infundís lástima.
Ella no vestirá más su cuerpecito con vosotros.
   ¡No hay, no hay esperanza!
La atrapó un sueño férreo, profundo, del que no se despierta.
   El vestido estival estampado
Y los lazos ¡ya para nada!, y las cintas doradas
   De tu madre son dádivas inútiles.
¡No a un lecho así, mi niña amada,
   Tu pobre madre tenía
Que llevarte! No prometió dar
   Un ajuar como el que te entregó,
Un lienzo para la mortaja, una humilde tela;
   Tu padre puso un puñado de tierra
Sobre la cabecera. ¡Por desgracia, la dote y ella
   Encerradas en una misma caja!

TREN VIII

Wielkieś mi uczyniła pustki w domu moim,
  Moja droga Orszulo, tym zniknieniem swoim.
Pełno nas, a jakoby nikogo nie było:
  Jedną maluczką duszą tak wiele ubyło.
Tyś za wszytki mówiła, za wszytki śpiewała,
  Wszytkiś w domu kąciki zawżdy pobiegała.
Nie dopuściłaś nigdy matce się frasować
  Ani ojcu myśleniem zbytnim głowy psować,
To tego, to owego wdzięcznie obłapiając
  I onym swym uciesznym śmiechem zabawiając.
Teraz wszytko umilkło, szczere pustki w domu,
  Nie masz zabawki, nie masz rozśmiać się nikomu.
Z każdego kąta żałość człowieka ujmuje,
  A serce swej pociechy darmo upatruje.

TRENO VIII

¡Qué vacío tan grande has dejado en mi casa,
Amada Úrsula mía, con tu desaparición!
Estamos todos, pero es como si no hubiera nadie.
Tanto es lo que se fue con un alma tan pequeña.
Tú hablabas por todos y cantabas por todos,
Corrías siempre por todos los rincones de la casa,
No consentiste nunca que tu madre se preocupara
Ni que tu padre se inquietase pensando demasiado.
Abrazando con agrado a uno y a otro
Nos alegrabas con tu alegre sonrisa.
Ahora todo enmudeció, hay un verdadero vacío en la casa.
No hay alegría, no hay quien sonría.
En todos los rincones me envuelve la tristeza
Y mi corazón espera consuelo inútilmente.

TREN IX

Kupić by cię, Mądrości, za drogie pieniądze,
  Która, (jeśli prawdziwie mienią) wszytki żądze,
Wszytki ludzkie frasunki umiesz wykorzenić,
  A człowieka tylko nie w anioła odmienić,
Który nie wie, co boleść, frasunku nie czuje,
  Złym przygodom nie podległ, strachom nie hołduje.
Ty wszytki rzeczy ludzkie masz za fraszkę sobie,
  Jednaką myśl tak w szczęściu, jako i w żałobie
Zawżdy niesiesz. Ty śmierci namniej się nie boisz,
  Bezpieczna, nieodmienna, niepożyta stoisz.
Ty bogactwa nie złotem, nie skarby wielkimi,
  Ale dosytem mierzysz i przyrodzonymi

TRENO IX

Merecería la pena comprarte, Sabiduría, por muy cara que [fueras,
Pues (si dicen la verdad)[14] sabes erradicar
Todos los deseos, todas las preocupaciones humanas,
Y lo único que no sabes es convertir a un hombre en un [ángel
Que no sabe qué es el dolor, que no siente desasosiego,
Que no acomete inicuas aventuras, que no se rinde a los [miedos.
Todas las cosas humanas son una bagatela para ti,
Siempre conservas la misma actitud, tanto en la dicha
Como en el duelo. No temes lo más mínimo a la muerte,
Permaneces erguida, segura, inmutable, impertérrita.
Tus riquezas no proceden del oro, ni de grandes tesoros,
Sino que calculas la satisfacción de las necesidades

[14] Kochanowski niega en este treno la capacidad consoladora de la Sabiduría, tanto desde la perspectiva filosófica como religiosa. La primera, mediante la alusión a los filósofos estoicos y su doctrina, para quienes la sabiduría es la primera de las virtudes y consiste en imitar a la naturaleza (la cual está regida por la razón) y guiarse por sus leyes y ejemplos. La segunda, parafraseando fragmentos del Libro de la Sabiduría de Salomón (Sab 6-8) y de Proverbios (Prov 1-3, 8-9), relativos a los tesoros que ofrece a todos para enriquecerlos y hacerlos dichosos, porque «si la riqueza es un bien codiciable en la vida, ¿qué cosa más rica que la sabiduría, que todo lo obra?» (Sab 8, 5; Sagrada Biblia, *op. cit.*, pág. 737).

Potrzebami. Ty okiem swym nieuchronionym
   Nędznika upatrujesz pod dachem złoconym,
A uboższym nie zajźrzysz szczęśliwego mienia,
   Kto by jedno chciał słuchać twego upomnienia.
Nieszczęśliwy ja człowiek, którym lata swoje
   Na tym strawił, żebych był ujźrzał progi twoje!
Terazem nagle z stopniów ostatnich zrzucony
   I między insze, jeden z wiela, policzony.

Naturales. Tú con tu ojo que todo lo ve
    Ves al menesteroso bajo un tejado de oro,
Pero al pobre no envidias la feliz existencia,
    ¿Quién querría escuchar tu increpación?
¡Soy un hombre infeliz, que consumió sus años
    En conocer el umbral de tu morada!
Ahora, de repente, soy arrojado desde los últimos peldaños,
    Y soy uno de tantos, contado entre otros muchos.

TREN X

Orszulo moja wdzięczna, gdzieś mi się podziała?
  W którą stronę, w którąś się krainę udała?
Czyś ty nad wszytki nieba wysoko wniesiona
  I tam w liczbę aniołków małych policzona?
Czyliś do raju wzięta? Czyliś na szczęśliwe
  Wyspy zaprowadzona? Czy cię przez teskliwe
Charon jeziora wiezie i napawa zdrojem
  Niepomnym, że ty nie wiesz nic o płaczu mojem?

TRENO X

Risueña Úrsula mía, ¿dónde te has metido?
¿Qué dirección tomaste? ¿A qué lugar te fuiste?
¿Partiste hacia lo alto, sobre todos los cielos,
Y eres allí uno más de los pequeños ángeles?
¿O te llevaron quizás al paraíso?[15]. ¿O fuiste conducida
A las islas felices?[16]. ¿O te transporta
Caronte[17] por lagos de tristeza y te sacia en la fuente
Del olvido[18], y tú no sabes nada de mi llanto?

---

[15] Dice San Pablo en 2 Cor 12, 2-4: «Sé de un hombre en Cristo que hace catorce años —si en el cuerpo, no lo sé; si fuera del cuerpo, tampoco lo sé, Dios lo sabe— fue arrebatado hasta el tercer cielo; y sé que este hombre —si en el cuerpo o fuera del cuerpo, no lo sé, Dios lo sabe— fue arrebatado al paraíso y oyó palabras inefables que el hombre no pudo decir» (Sagrada Biblia, *op. cit.*, pág. 1263).

[16] Janusz Pelc *(Treny*, Biblioteka Narodowa, Nr. 1, S. I, Zakład Narodowy Imienia Ossolińskich, Wydawnictwo, Cracovia, 1972, pág. 18) señala la posibilidad de que las Islas Canarias fueran las míticas islas ubicadas en los confines oceánicos de Occidente, donde reinaba la felicidad eterna bajo el gobierno de Cronos.

[17] En la mitología griega, Caronte era el barquero del inframundo encargado de cruzar el río Aqueronte a las almas de los difuntos recientes para llegar hasta el reino de Hades, morada de los muertos.

[18] Alusión al río Lete, uno de los ríos que discurría por el inframundo, según la mitología griega. Muchas de las almas transportadas por Caronte solían beber sus aguas ya que su ingesta provocaba el borrado completo de la memoria y, por tanto, el olvido absoluto de su vida anterior.

Czy, człowieka zrzuciwszy i myśli dziewicze,
   Wzięłaś na się postawę i piórka słowicze?
Czyli się w czyścu czyścisz, jesli z strony ciała
   Jakakolwiek zmazeczka na tobie została?
Czyś po śmierci tam poszła, kędyś pierwej była,
   Niżeś się na mą ciężką żałość urodziła?
Gdzieśkolwiek jest, jesliś jest, lituj mej żałości,
   A nie możesz li w onej dawnej swej całości,
Pociesz mię, jako możesz, a staw się przede mną
   Lubo snem, lubo cieniem, lub marą nikczemną!

¿O habiendo abandonado tu cuerpo humano y pensamiento
[puro
Adoptaste la figura y el plumaje de un ruiseñor?[19].
¿Acaso te purificas en el purgatorio, si es que en tu cuerpo
Quedó alguna mácula?
¿O partiste, tras la muerte, allí donde antes habitabas
Y naciste para mi gran dolor?
¡Dondequiera que estés, si estás, ten compasión de mí,
Y si no puedes tal y como fuiste en otro tiempo,
Consuélame como puedas y muéstrate ante mí
Como un sueño, una sombra o una visión ilusoria!

---

[19] Estas transformaciones en aves eran frecuentes en la mitología y la poesía de la Antigüedad. Ovidio cuenta en el Libro VI de su *Metamorfosis* cómo los dioses transformaron en aves a Procne, Filomela y Tereo *(Metamorfosis,* edición de Consuelo Álvarez y Rosa Mª Iglesias, Madrid, Cátedra, Letras Universales, 228, 2004, págs. 406-416).

TREN XI

Fraszka cnota! — powiedział Brutus porażony.
  Fraszka, kto się przypatrzy, fraszka z każdej strony!
Kogo kiedy pobożność jego ratowała?
  Kogo dobroć przypadku złego uchowała?
Nieznajomy wróg jakiś miesza ludzkie rzeczy,
  Nie mając ani dobrych, ani złych na pieczy.
Kędy jego duch wienie, żaden nie ulęże;
  Praw-li, krzyw-li, bez braku każdego dosięże.
A my rozumy swoje przedsię udać chcemy,
  Hardzi miedzy prostaki, że nic nie umiemy.
Wspinamy się do nieba, Boże tajemnice
  Upatrując, ale wzrok śmiertelnej źrzenice
Tępy na to! Sny lekkie, sny płoche nas bawią,
  Które się nam podobno nigdy nie wyjawią.
Żałości, co mi czynisz? Owa już oboje
  Mam stracić: i pociechę, i baczenie swoje?

TRENO XI

¡La virtud es una bagatela! —dijo Brutus[20] vencido—.
Es una bagatela, se mire como se mire ¡es una bagatela!
¿Cuándo su piedad salvó a alguien?
¿A quién la bondad preservó de la adversidad?
Algún ignoto hado mezcla las cosas humanas
Sin tener a su cargo ni las buenas ni las malas.
Donde sople su espíritu nadie hallará refugio;
Sea justo o injusto, a todos alcanzará sin excepción.
Aunque queramos aparentar ser sensatos,
Somos orgullosos entre los sencillos, pero nada sabemos.
Ascendemos al cielo observando con sigilo
Los secretos de Dios, pero la mirada de la pupila mortal
¡Es torpe para esto! Nos embaucan los sueños ligeros, los
[sueños banales,
Esos que parece que nunca nos serán revelados.
Tristeza ¿qué me haces? ¿Acaso he de perder ambas:
Mi consuelo y mi cordura?

---

20 Marco Junio Bruto (85 a. C.- 42 a. C.) fue un militar y político que participó en el asesinato de Julio César (44 a. C.). Marco Antonio se enfrentó a él en la batalla de Filipos (42 a. C.). Derrotado, Bruto huyó con su ejército y se suicidó arrojándose sobre su espada mientras renegaba, según algunos autores, del valor de la virtud, la cual durante su vida lo había guiado en todos sus actos.

TREN XII

Żaden ojciec podobno barziej nie miłował
  Dziecięcia, żaden barziej nad mię nie żałował!
A też ledwe się kiedy dziecię urodziło,
  Co by łaski rodziców swych tak godne było.
Ochędożne, posłuszne, karne, niepieszczone,
  Śpiewać, mówić, rymować jako co uczone;
Każdego ukłon trafić; wyrazić postawę,
  Obyczaje panieńskie umieć i zabawę;
Roztropne, obyczajne, ludzkie, nierzewniwe,
  Dobrowolne, układne, skromne i wstydliwe.
Nigdy ona po ranu karmie nie wspomniała,
  Aż pierwej Bogu swoje moditwy oddała.
Nie poszła spać, aż pierwej matkę pozdrowiła
  I zdrowie rodziców swych Bogu poruczyła.
Zawżdy przeciwko ojcu wszytki przebyć progi,
  Zawżdy się uradować i przywitać z drogi,
Każdej roboty pomóc, do każdej posługi
  Uprzedzić było wszytki rodziców swych sługi.
A to w tak małym wieku sobie poczynała,
  Że więcej nad trzydzieści miesięcy nie miała.
Tak wiele cnót jej młodość i takich dzielności
  Nie mogła znieść; upadła od swejże bujności,
Żniwa nie doczekawszy! Kłosie mój jedyny,
  Jeszcześ mi się był nie zstał, a ja, twej godziny

TRENO XII

¡Parece que ningún padre haya amado más
   A su hija, que nadie haya llorado más que yo!
Y también es raro que una criatura que acaba de nacer
   Sea tan digna del favor de sus padres.
Pulcra, obediente, dócil, no mimada,
   Sabía cantar, hablar, hacer versos como alguien instruido;
Imitar cada reverencia; guardar la compostura,
   Observar las costumbres de una joven dama y sus
[obligaciones;
Prudente, modosa, afable, risueña,
   Obediente, respetuosa, modesta y tímida.
Por la mañana nunca pedía el alimento
   Sin antes haber elevado a Dios sus oraciones.
No iba a dormir sin antes haberse despedido de su madre
   Y haber rogado a Dios por la salud de sus padres.
Cruzaba siempre todos los umbrales en dirección a su padre,
   Siempre se mostraba alegre y saludaba por el camino.
Ayudaba en cada labor, se adelantaba
   en cada tarea para servir en todo a sus padres.
Y lo hacía desde edad muy temprana,
   Tanto que no tenía más de treinta meses.
Su infancia no pudo resistir tantas virtudes
   Y tanto valor; su abundancia la abatió
¡Sin esperar el momento de la cosecha! Mi única espiga,
   Aún no habías madurado y yo, sin esperar

Nie czekając, znowu cię w smutną ziemię sieję!
    Ale pospołu z tobą grzebę i nadzieję,
Bo już nigdy nie wznidziesz ani przed mojema
    Wiekom wiecznie zakwitniesz smutnymi oczema.

Ese momento, ¡te siembro de nuevo en la triste tierra!
    Pero junto a ti también entierro la esperanza:
Porque ya nunca brotarás, ya no florecerás
    Ante mis tristes ojos, por los siglos de los siglos.

TREN XIII

Moja wdzięczna Orszulo, bodaj ty mnie była
 Albo nie umierała lub się nie rodziła!
Małe pociechy płacę wielkim żalem swoim
 Za tym nieodpowiednym pożegnaniem twoim.
Omyliłaś mię jako nocny sen znikomy,
 Który wielkością złota cieszy smysł łakomy,
Potym nagle uciecze, a temu na jawi
 Z onych skarbów jeno chęć a żądzą zostawi.
Takeś ty mnie, Orszulo droga, uczyniła:
 Wielkieś nadzieje w moim sercu roznieciła,
Potymeś mię, smutnego, nagle odbieżała
 I wszytki moje z sobą pociechy zabrała.
Wzięłaś mi, zgoła mówiąc, dusze połowicę;
 Ostatek przy mnie został na wieczną tęsknicę.
Tu mi kamień, murarze, ciosany połóżcie,
 A na nim tę nieszczęsną pamiątkę wydróżcie:

«ORSZULA KOCHANOWSKA TU LEŻY, KOCHANIE
 OJCOWE ALBO RACZEJ PŁACZ I NARZEKANIE.
OPAKEŚ TO, NIEBACZNA ŚMIERCI, UDZIAŁAŁA:
 NIE JAĆ ONEJ, ALE MNIE ONA PŁAKAĆ MIAŁA».

TRENO XIII

Risueña Úrsula mía, ¡ojalá estuvieras conmigo,
O no hubieras muerto o no hubieras nacido!
Con mi gran pena pago pequeños consuelos
Por causa de esa inoportuna despedida tuya.
Me engañaste como un fugaz sueño nocturno
Que seduce al avaricioso pensamiento con una gran [cantidad de oro,
Después desaparece repentinamente y de ello, en realidad,
Solo permanece el deseo y la avidez de esos tesoros.
Es lo que tú me hiciste, amada Úrsula:
Despertaste en mi corazón grandes esperanzas,
Después súbitamente te alejaste de mí, ¡oh, desdichado!,
Y te llevaste contigo todas mis alegrías.
Me quitaste, hablando claro, la mitad del alma;
El resto permaneció junto a mí para añoranza eterna.
Poned aquí, canteros, una piedra tallada
Y grabad en ella esta infeliz inscripción:

«AQUÍ YACE ÚRSULA KOCHANOWSKA, AMOR
DE SU PADRE, O MÁS BIEN LLANTO Y LAMENTO.
¡OH, MUERTE IRREFLEXIVA, LO HICISTE AL REVÉS,
ERA ELLA LA QUE TENÍA QUE LLORARME Y [NO YO A ELLA!».

TREN XIV

Gdzie te wrota nieszczęsne, którymi przed laty
  Puszczał się w ziemię Orfeus szukając swej straty?
Żebych ja też tąż ścieżką swej namilszej córy
  Poszedł szukać i on bród mógł przebyć, przez który
Srogi jakiś przewoźnik wozi blade cienie
  I w lasy niewesołe cyprysowe żenie.
A ty mię nie zostawaj, wdzięczna lutni moja,
  Ale ze mną pospołu pódź aż do pokoja
Surowego Plutona! Owa go [to] łzami,
  To tymi żałosnymi zmiękczywa pieśniami,

TRENO XIV

¿Dónde están esas infortunadas puertas a través de las cuales,
[hace años,
Orfeo se encaminó bajo la tierra en busca de su pérdida?[21].
Que también vaya yo en busca del mismo camino
Por el que fue mi amada hija, y que pueda cruzar ese vado
Por el que un cruel barquero[22] transporta pálidas sombras
Y corre veloz hacia un bosque de cipreses tristes.
¡Y tú no me abandones, grato laúd[23] mío,
Sino ven junto a mí, hasta el aposento
Del implacable Plutón![24]. Quizá lo conmovamos
Con estas lágrimas, con estos cantos fúnebres,

---

[21] En la antigua mitología griega, Orfeo fue un personaje famoso por su extraordinaria habilidad para tocar la lira. Casado con Eurídice, esta murió pronto y él la siguió al Hades (el inframundo griego), donde suplicó a la diosa Perséfone que le devolviera a su esposa y les permitiera regresar juntos al mundo de los vivos. Su deseo fue concedido bajo la condición de que Orfeo no volviera en ningún momento su mirada hacia Eurídice en el camino hacia la salida del Hades. Orfeo lo aceptó, pero inseguro de que Eurídice lo siguiera, miró hacia atrás y la sombra de Eurídice desapareció en aquel mismo instante. A partir de aquel momento, Orfeo no volvió a tocar su lira.

[22] Alusión a Caronte. Véase la nota 17.

[23] Véase la nota 13.

[24] En la mitología romana, Plutón era el dios que gobernaba el inframundo y custodiaba las almas condenadas a pasar la eternidad bajo la Tierra, cuyas puertas de entrada estaban vigiladas por un feroz perro de tres cabezas llamado Cerbero.

Że mi moję namilszą dziewkę jeszcze wróci,
A ten nieuśmierzony we mnie żal ukróci.
Zginąć ci mu nie może; tuć się wszytkim zostać,
Niech się tylko niedoszłej jagodzie da dostać.
Gdzie by też tak kamienne ten bóg serce nosił,
Żeby tam smutny człowiek już nic nie uprosił!
Cóż temu rzec? Więc tamże już za jedną drogą
Zostać, a z duszą za raz zewlec troskę srogą.

Y mi amadísima niña regrese a mí de nuevo,
   Y se aplaque este inmenso dolor mío.
No puede morir; ha de permanecer aquí con todos,
   Solo hay que dejar que crezca la baya inmadura.
¡Ese dios debería tener el corazón tan pétreo
   Para que un hombre afligido ya nada allí le suplicara!
¿Y qué decir? Solo permanecer allí con ella
   Y a la vez desprenderse del alma y de la intensa pena.

TREN XV

Erato złotowłosa i ty, wdzięczna lutni,
  Skąd pociechę w swych troskach biorą ludzie smutni.
Uspokójcie na chwilę strapioną myśl moję,
  Póki jeszcze kamienny w polu słup nie stoję,
Lejąc ledwe nie krwawy płacz przez marmór żywy,
  Żalu ciężkiego pamięć i znak nieszczęśliwy.
Mylę się? czyli, patrząc na ludzkie przygody,
  Skromniej człowiek uważa i swe własne szkody?
Nieszczesna matko (jesli przyczytać możemy
  Nieszczęściu, co prze głupi swój rozum cierpiemy),
Gdzie teraz twych siedm' synów i dziewek tak wiele?
  Gdzie pociecha? gdzie radość? i twoje wesele?
Widzę czternaście mogił, a ty, nieszczęśliwa
  I podobno tak długo nad wolą swą żywa,

TRENO XV

Erató[25] de dorados cabellos y tú, grato laúd[26],
Donde encuentran consuelo a sus penas los afligidos,
Calmad por un momento mi pensamiento atribulado
Mientras no me levante en el campo cual columna de piedra
Que derrama un llanto, casi de sangre, a través del mármol [vivo[27],
En memoria del hondo desconsuelo y como signo de [infelicidad.
¿Me equivoco? A saber: observando los lances humanos,
¿Valora el hombre con mayor modestia sus propios [perjuicios?
¡Oh, infeliz madre! (si podemos atribuir
A la infelicidad lo que sufrimos por el necio pensamiento [propio),
¿Dónde están ahora tus siete hijos y otras tantas hijas?
¿Dónde el consuelo? ¿Dónde la alegría? ¿Y tu felicidad?
Veo catorce tumbas, y tú, desdichada,
Sigues viva desde hace mucho tiempo, contra tu voluntad [al parecer,

---

25 Musa griega de la poesía, particularmente la lírica y amorosa. Aparece representada con una corona de rosas y una lira en sus manos.
26 Véase la nota 13.
27 Alusión a la historia de Niobe. Véase la nota 10.

Obłapiasz zimne groby, w których (ach, niebogo!)
  Składłaś dziateczki swoje zagubione srogo!
Takie więc kwiaty leżą kosą podsieczone
  Albo deszczem gwałtownym na ziemię złożone.
W którą nadzieję żywiesz? Czego czekasz więcej?
  Czemu śmiercią żałości nie zbywasz co pręcej?
A wasze prędkie strzały albo łuk co czyni
  Niepochybny, o Febe i mściwa bogini?
Albo z gniewu, bo winna, albo więc z litości
  Dokonajcie, prze Boga, jej biednej starości!
Nowa pomsta, nowa kaźń hardą myśl potkała:
  Dziatek płacząc Niobe sama skamieniała
I stoi na Sypilu marmor nieprzetrwany,
  Jednak i pod kamieniem żywią skryte rany.

Y abrazas las frías tumbas en las que —¡ay, pobre de ti!—
Depositaste a tus hijos cruelmente asesinados.
Hay flores abatidas en la tierra, segadas por la guadaña
O amontonadas por la violenta lluvia.
¿Con qué esperanza vives? ¿Qué más anhelas?
¿Por qué no te liberas pronto de tu dolor con la muerte?
¿Dónde están vuestras veloces flechas? ¿Dónde vuestro infalible
Arco? ¡Oh, Febo[28]! ¡Oh, diosa de la caza[29]!
¡Ya sea por ira, por culpabilidad o por compasión
Poned fin, por Dios, a su pobre vejez!
El altivo pensamiento se encontró con una nueva venganza,
[con un nuevo castigo:
La propia Niobe, llorando a sus hijos, se transformó en
[piedra
Y se alza hecha mármol perpetuo en Sípilo[30],
Sin embargo, bajo la peña perduran heridas ocultas.

[28] El dios romano Febo (Apolo en la mitología griega) asesinó a los hijos varones de Niobe atravesándolos con una flecha.

[29] La diosa romana Diana (Artemisa en la mitología griega), al igual que Febo, acabó también a tiro de arco con la vida de las hijas de Niobe.

[30] Véase la nota 10.

Jej bowiem łzy serdeczne skałę przenikają
I przeźroczystym z góry strumieniem spadają,
Skąd źwierz i ptastwo pije; a ta w wiecznym pęcie
Tkwi w rogu skały wiatrom szalonym na wstręcie.
Ten grób nie jest na martwym, ten martwy nie w grobie,
Ale samże jest martwym, samże grobem sobie.

Sus lágrimas sinceras atraviesan la roca
Y descienden desde lo alto formando un cristalino arroyo
En el que beben las bestias y las aves; y ella, con eternas
[cadenas,
Desafía a los vientos furiosos en la cima del risco.
Este sepulcro no está sobre un muerto, este muerto no está
[en un sepulcro,
Sino que el mismo muerto es para sí un sepulcro[31].

[31] En alusión a sí mismo, Kochanowski recurre al *topos* de estar muerto en vida, inspirándose en un epigrama griego recogido en el Libro VII de la *Antología Palatina* (311), traducido al latín, entre otros muchos autores, por el gran Angelo Poliziano (1454-1494), y plasmado en una inscripción en piedra que simula ser una estela funeraria conocida como el «enigma de Bolonia». Manuel Carbonero y Sol y Merás, autor del curioso libro titulado *Fin funesto de los perseguidores y enemigos de la Iglesia desde Herodes hasta nuestros días* (Madrid, 1875), reproduce el texto de esta inscripción al referirse a la muerte de Voltaire (pág. 547): «El mejor epitafio que, según el padre Ceballos, debería ponerse sobre el sepulcro de este monstruo es el siguiente que se leía en Bolonia sobre el sepulcro de Elia Lelia Crispis: *Nec vir, nec mulier, nec androgina; / Nec puella, nec iuvenis, nec anus, / nec casta, nec meretrix, nec pudica./ Sed omnia [...]. Hoc est sepulcrum. / Intus cadaver non habens; / Hoc est cadaver sepulcrum extra non habens; / Sed cadaver idem est sepulcrum sibi.* [Ni hombre, ni mujer, ni andrógino, / Ni niña, ni joven, ni vieja, / Ni casta / mi meretriz / ni púdica. / Sino todo [...]. Esto es un sepulcro / Que no contiene dentro ningún cadáver; / Esto es un cadáver que por fuera no tiene ningún sepulcro; / Sino que el mismo cadáver es para sí un sepulcro].

TREN XVI

Nieszczęściu kwoli a swojej żałości,
  Która mię prawie przejmuje do kości,
Lutnią i wdzięczny rym porzucić muszę,
  Ledwe nie duszę.

Żyw-em? Czy mię sen obłudny frasuje?
  Który kościanym oknem wylatuje,

TRENO XVI

Por causa de la infelicidad y mi dolor,
El cual me penetra hasta los huesos,
Debo abandonar el laúd[32], el verso grato
Y casi el alma[33].

¿Estoy vivo? ¿O es un sueño falso lo que me angustia?
Este escapa volando por la puerta de marfil[34]

---

32 Véase la nota 13.

33 Es decir: la infelicidad lo conduce casi a la misma muerte.

34 Los antiguos griegos, así como los romanos, creían que los sueños salían por dos puertas: los sueños verdaderos por una puerta hecha de cuerno y los falsos por una de marfil. Así lo relata Virgilio en la *Eneida* en el pasaje titulado *Salida del mundo infernal:* «Dos son las puertas del Sueño, una de las cuales se dice / de cuerno, por donde le es dada una franca salida a las sombras verdaderas, / la otra rematada y radiante de marfileña blancura, / mas los manes envían al cielo falsos ensueños» *(Eneida,* II, Libros IV-VI, Colección de autores griegos y latinos *Alma Mater,* texto latino, traducción y notas Luis Rivero, Juan A. Estévez, Miryam Librán, Antonio Ramírez, Madrid, CSIC, 2011, pág. 179). Virgilio, a su vez, se inspira para este pasaje en otro de la *Odisea* de Homero: «Forastero, sin duda se producen sueños inescrutables y de oscuro lenguaje y no todos se cumplen para los hombres. Porque dos son las puertas de los débiles sueños: una construida con cuerno, la otra con marfil. De estos, unos llegan a través del bruñido marfil, los que engañan portando palabras irrealizables; otros llegan a través de la puerta de pulimentados cuernos, los que anuncian cosas verdaderas cuando llega a verlos uno de los mortales» *(Odisea, op. cit.,* pág. 333).

A ludzkie myśli tym i owym bawi,
  Co błąd na jawi.

O błędzie ludzki! O szalone dumy!
  Jako to łacno pisać się z rozumy,
Kiedy po wolej świat mamy, a głowa
  Człowieku zdrowa.

W dostatku będąc, ubóstwo chwalemy,
  W rozkoszy — żałość lekce szacujemy,
A póki wełny skąpej prządce zstaje,
  Śmierć nam za jaje.

Lecz kiedy nędza albo żal przypadnie,
  Ali żyć nie tak, jako mówić, snadnie,
A śmierć dopiero wtenczas nam należy,
  Gdy już k'nam bieży.

Przecz z płaczem idziesz, Arpinie wymowny,
  Z miłej ojczyzny? Wszak nie Rzym budowny,

Y con esto y aquello distrae los pensamientos humanos,
Que en realidad son solo una quimera.

¡Oh, error humano! ¡Oh, loco orgullo!
Qué fácil es hacer alarde del pensamiento
Cuando tenemos el mundo a nuestro favor y la cabeza
Del hombre está despreocupada.

Alabamos la pobreza cuando vivimos en la abundancia,
Desdeñamos el dolor cuando gozamos la dicha,
Porque mientras la avara hilandera[35] tenga suficiente lana,
La muerte es una nimiedad para nosotros.

Pero cuando el dolor o la miseria llega
No es tan fácil vivir como se dice,
Y solo entonces contamos con la muerte,
Cuando ya se dirige hacia nosotros.

¿Por qué te vas llorando, elocuente Arpinate[36],
De la amada patria? Roma no es solo una imponente
[construcción,

---

[35] En la mitología griega, las tres deidades hermanas llamadas Cloto, Láquesis y Átropos —denominadas después *parcas* por los romanos, Nona, Décima y Morta, respectivamente— son unas hilanderas que simbolizan el destino de cada hombre. En aquella época existía la creencia de que cuando nacía un niño se presentaban ante él y establecían el curso de su destino manipulando el hilo de la vida. La primera hilandera, Cloto, representaba el nacimiento hilando con la rueca y el huso; la segunda, Láquesis, representaba la vida devanando el hilo y midiendo su longitud; y la tercera, Átropos, representaba la muerte y era la que decidía cuándo y cómo cortar el hilo de la vida.

[36] Gentilicio de Arpino, lugar de nacimiento de Marco Tulio Cicerón (106 a. C.-43 a. C.), célebre filósofo, escritor, orador, político romano y uno de los más grandes autores de prosa en latín.

Ale świat wszytek Miastem jest mądremu
Widzeniu twemu.

Czemu tak barzo córki swej żałujesz?
Wszak się ty tylko sromoty wiarujesz;
Insze wszelakie u ciebie przygody
Ledwe nie gody!

Sino que el mundo entero es Roma[37]
A tu sabio parecer[38].

¿Por qué sufres tanto por tu hija[39]?
Si tú solo crees en la deshonra;
¡Todos los infortunios en tu vida
Casi son una fiesta![40]

---

[37] En el original polaco el sustantivo *Miasto* (Ciudad) aparece en mayúscula, tal y como se hacía en latín con el término *Urbs* para referirse a Roma.

[38] Cicerón decía en su obra *Tusculanas* (Libro V, 37) que para el hombre sabio el mundo entero es su hogar, por lo que la expatriación no suponía para él un gran castigo ya que en cualquier parte se hallaría siempre como en su casa: «Despreciada pues la actividad política, rechazado el dinero, ¿qué queda que resulte temible? El destierro, creo, que se considera entre los peores males. Si es un mal por enajenación y enemistad de la voluntad popular, poco antes se ha señalado, cuán despreciable es; pero si es una desgracia estar lejos de la patria, las provincias están llenas de desgraciados, de los que solo muy pocos regresan a su patria. ¡Pero pierden sus bienes los desgraciados! ¿Cómo? ¿no se han dicho bastantes cosas sobre la tolerancia de la pobreza? Efectivamente el destierro, si indagamos la realidad de las cosas, y no la ignominia del nombre, ¿en qué se diferencia de un viaje ininterrumpido? En lo que consumieron sus vidas muchos filósofos ilustres [...], y otros innumerables, que una vez salidos nunca regresaron a sus patrias. Pero sin deshonor. ¿Puede acaso el destierro llenar de ignominia al sabio? toda esta exposición es sobre el sabio, que razonablemente no podría acontecer eso; pues no es procedente consolar al justamente desterrado. Finalmente, para cualquier azar es la más práctica la argumentación de los que refieren al placer los aconteceres de la vida, de modo que, dondequiera que esta discurra, allí puede vivirse feliz. Así puede condensar todo el razonamiento esta frase de Teucro: la patria está donde le va a uno bien. A Sócrates por cierto al preguntársele, de dónde era, contestó *ciudadano del mundo*; pues se consideraba domiciliado y ciudadano de todo el mundo» *(Tusculanas,* edición de José Antonio Enríquez y Ángela Ropero, Madrid, Editorial Coloquio, 1986, págs. 279-280).

[39] Increpación a Cicerón, cuya hija Tulia murió en el 45 a. C., siendo él ya anciano y causándole un profundo dolor.

[40] Así lo expone Cicerón en el diálogo entre el *alumnus* y el *magister* de *Tusculanas*: «A *(alumnus):* Estimo el dolor el mayor de todos los males. / M *(magister):* ¿Incluso mayor que el deshonor? / A: No me atrevo a decir tanto, por cierto, y me avergüenzo de verme apeado tan pronto de

«Śmierć — mówisz — straszna tylko niezbożnemu».
  Przecząże się tobie umrzeć, cnotliwemu,
Nie chciało, kiedyś prze dotkliwą mowę
  Miał podać głowę?

Wywiodłeś wszytkim, nie wywiodłeś sobie;
  Łacniej rzec, widzę, niż czynić i tobie,
Pióro anielskie, duszę toż w przygodzie,
  Co i mnie bodzie.

Człowiek nie kamień, a jako się stawi
  Fortuna, takich myśli nas nabawi.
Przeklęte szczęście! Czyż snać gorzej duszy,
  Kto rany ruszy?

Czasie, pożądnej ojcze niepamięci!
  W co ani rozum, ani trafią święci,
Zgój smutne serce, a ten żal surowy
  Wybij mi z głowy!

«La muerte —dices— es terrible solo para los invirtuosos»[41].
Sin embargo, no quisiste la muerte para ti, virtuoso,
Cuando, a pesar de tu mordaz discurso,
Tuviste que entregar tu cabeza[42].

Guiaste a todos, pero no te guiaste a ti mismo;
Veo que te es más fácil el decir que el hacer,
Pluma angelical. Eso mismo que atormentó tu alma,
Atormenta la mía.

Un hombre no es una piedra, y según se presente
Fortuna, así serán los pensamientos que obrará en nosotros.
¡Maldita suerte! ¿Acaso no es peor para el alma
Que alguien hurgue en la herida?

¡Oh tiempo, anhelado padre del olvido!
¡De aquello que ni la razón ni los santos serán capaces
Sana tú mi triste corazón, y esta cruel pena
Arranca de mi cabeza!

---

mi afirmación. / M.: Más habrías de avergonzarte, si te empecinaras en tu aserto. Pues qué hay menos digno que el que te parezca cualquier cosa peor que el deshonor» *(Tusculanas, op. cit.,* págs. 111-112).

[41] Así lo afirma Cicerón en *Tusculanas:* «Son tantos los que vemos que tuvieron muertes deseables con gloria. Y siendo esto así, hay que servirse sin embargo de gran elocuencia, y arengar como desde una tribuna más alta, para que los hombres o comiencen a desear la muerte o dejen de temerla. Pues si aquel día último no produce la extinción, sino un cambio de ubicación, ¿qué hay más deseable?» *(ibíd.,* pág. 102).

[42] Increpación a Cicerón, quien se enfrentó a Marco Antonio en sus *Filípicas* acusándolo de querer instaurar una dictadura en Roma. Cicerón fue defensor de la libertad y los valores de la República romana, pero estos discursos en el Senado motivaron su asesinato por decapitación, instigado por Marco Antonio, siendo su cabeza y sus manos expuestas en público como castigo ejemplar.

TREN XVII

Pańska ręka mię dotknęła,
  Wszytkę mi radość odjęta:
Ledwe w sobie czuję duszę
  I tę podobno dać muszę.

Lubo wstając gore jaśnie,
  Lubo padnąc słońce gaśnie,
Mnie jednako serce boli,
  A nigdy się nie utoli.

Oczu nigdy nie osuszę
  I tak wiecznie płakać muszę.
Muszę płakać! — O mój Boże,
  Kto się przed Tobą skryć może?

Prózno morzem nie pływamy,
  Prózno w bitwach nie bywamy:
Ugodzi nieszczęście wszędzie,
  Choć podobieństwa nie będzie.

Wiodłem swój żywot tak skromnie,
  Że ledwe kto wiedział o mnie,

TRENO XVII

Me ha tocado la mano del Señor[43],
   Me ha sido arrebatada toda la alegría:
Casi no siento el alma en mí
   Y parece que tengo que entregarla.

Ya sea alzándose cuando clarea en lo alto,
   Ya sea cayendo cuando el sol se apaga,
El corazón me duele de igual modo
   Y nunca hallará consuelo.

Nunca me secaré los ojos.
   ¡Tengo que llorar eternamente!
¡He de llorar! ¡Oh, Dios mío!
   ¿Quién puede esconderse de Ti?

No navegamos por el mar en vano,
   Ni en vano partimos a las batallas;
La desgracia golpea en todas partes,
   Aunque no habrá parecido.

Conduje tan humildemente mi vida
   Que apenas nadie supo de mí,

---

[43] Job 19, 21: «Apiadaos, apiadaos de mí, siquiera vosotros, mis amigos, porque me ha herido la mano de Dios» (Sagrada Biblia, *op. cit.*, pág. 602).

A zazdrość i złe przygody
Nie miały mi w co dać szkody.

Lecz Pan, który gdzie tknąć, widzi,
A z przestrogi ludzkiej szydzi,
Zadał mi raz tym znaczniejszy,
Czym-em już był bezpieczniejszy.

A rozum, który w swobodzie
Umiał mówić o przygodzie,
Dziś ledwe sam wie o sobie:
Tak mię podparł w mej chorobie.

Czasem by się chciał poprawić,
A mnie ciężkiej troski zbawić,
Ale gdy siędzie na wadze,
Żalu ruszyć nie ma władze.

Prózne to ludzkie wywody,
Żeby szkodą nie zwać szkody;
A kto się w nieszczęściu śmieje,
Ja bych tak rzekł, że szaleje.

Kto zaś na płacz lekkość wkłada,
Słyszę dobrze, co powiada;
Lecz się tym żal nie hamuje,
Owszem, więtszy przystępuje.

Bo, mając zranioną duszę,
Rad i nierad płakać muszę,
Co snać nie cześć, to ku szkodzie
I zelżywość serce bodzie.

Y la envidia y los lances adversos
  No hallaron motivo para procurarme daños.

Pero el Señor, que ve allí donde toca
  Y se burla de la cautela humana,
Me asestó el golpe más doloroso
  Cuando más seguro me sentía.

Y la mente, que sabía hablar de infortunios
  Estando libre de ellos,
Hoy apenas sabe de sí misma:
  Así me ayudó en mi enfermedad[44].

A veces quisiera reponerme
  Y librarme de la pesada pena,
Pero cuando se pone en la balanza
  No hay contrapeso que mueva el plato del dolor.

Los argumentos humanos son hueros
  Para no llamar daño al daño[45];
Quien se ríe en la desgracia
  Yo diría que está loco.

Por el contrario, quien menosprecia el llanto
  Oigo bien lo que dice;
Su dolor no se alivia,
  Sino que, por supuesto, se acrecienta.

Porque teniendo el alma herida,
  Quiera o no quiera, he de llorar.
Lo que no trae honor, daña
  Y hace ultraje al corazón.

---

44 Ironía sobre el pensamiento humano.
45 Increpación a la doctrina estoica.

Lekarstwo to, prze Bóg żywy,
    Ciężkie na umysł troskliwy!
Kto przyjaciel zdrowia mego,
    Wynajdzi co wolniejszego!

A ja zatym łzy niech leję,
    Bom stracił wszytkę nadzieję,
By mię rozum miał ratować,
    Bóg sam mocen to hamować.

¡Este medicamento, por Dios vivo[46],
  Es muy fuerte para un pensamiento afligido!
¡Quien sea amigo de mi salud
  Que encuentre algo más ligero!

Y que yo me deshaga en lágrimas,
  Porque perdí toda esperanza
De que mi mente me salvara,
  Porque esto solo Dios puede mitigarlo.

[46] Véase la nota 5.

TREN XVIII

My, nieposłuszne, Panie, dzieci Twoje,
W szczęśliwe czasy swoje
Rzadko Cię wspominamy,
Tylko rozkoszy zwykłych używamy.

Nie baczym, że to z Twej łaski nam płynie,
A także prędko minie,
Kiedy po nas wdzięczności
Nie uznasz, Panie, za Twe życzliwości.

Miej nas na wodzy, niech nas nie rozpycha
Doczesna rozkosz licha!
Niechaj na Cię pomniemy
Przynamniej w kaźni, gdy w łasce nie chcemy!

Ale ojcowskim nas karz obyczajem,
Boć przed Twym gniewem stajem
Tak, jako śnieg niszczeje,
Kiedy mu slońce niebieskie dogrzeje.

Zgubisz nas prędko, wiekuisty Panie,
Jesli nad nami stanie
Twa ciężka boska ręka:
Sama niełaska jest nam sroga męka.

TRENO XVIII

Nosotros, rebeldes, Señor, hijos Tuyos,
En nuestros momentos de felicidad
Raramente nos acordamos de Ti,
Solo gozamos los placeres habituales.

No pensamos que todo ello nos llega por Tu bondad
Y que se acabará rápidamente
Si nuestra gratitud
No sientes, Señor, por Tu benevolencia.

¡Mantennos sumisos y que no sucumbamos
Al vano placer temporal!
Que te recordemos
Al menos en el tormento, si en el favor no queremos.

Pero castíganos con paternal ternura,
Porque ante Tu cólera nos ocurre
Lo que a la nieve cuando el sol celestial
La calienta: se derrite.

Nos perderás raudamente, Padre eterno,
Si pones sobre nosotros
Tu poderosa mano divina;
Tu mera indiferencia es para nosotros un severo tormento.

Ale od wieku Twoja lutość słynie,
    A pierwej świat zaginie,
    Niż Ty wzgardzisz pokornym,
Chocia był długo przeciw Tobie spornym.

Wielkie przed Tobą są występy moje,
    Lecz miłosierdzie Twoje
    Przewyższa wszytki złości.
Użyj dziś, Panie, nade mną litości!

Pero de siempre es sabida Tu misericordia,
Y primero desaparecería el mundo
Antes de que Tú despreciaras a un humilde,
Aunque hubiera obrado contra Ti durante mucho tiempo.

Grandes son mis ofensas contra Ti,
Pero Tu compasión
Es aún mayor que todos los ultrajes.
¡Derrama hoy sobre mí, Señor, tu misericordia![47].

---

[47] Sal 33, 22: «Sea, ¡oh Yavé!, sobre nosotros tu misericordia» (Sagrada Biblia, *op. cit.,* pág. 633).

TREN XIX ALBO SEN

Żałość moja długo w noc oczu mi nie dała
  Zamknąć i zemdlonego upokoić ciała;
Ledwie mię na godzinę przed świtaniem swymi
  Sen leniwy obłapił skrzydły czarnawymi.
Na ten czas mi się matka własnie ukazała,
  A na ręku Orszulę moję wdzięczną miała,
Jaka więc po paciorek do mnie przychodziła,
  Skoro z swego posłania rano się ruszyła.
Giezłeczko białe na niej, włoski pokręcone,
  Twarz rumiana, a oczy ku śmiechu skłonione.
Patrzę, co dalej będzie, aż matka tak rzecze:
  «Śpisz, Janie? czy cię żałość twoja zwykła piecze?»
Zatym-em ciężko westchnął i tak mi się zdało,
  Żem się ocknął. — A ona, pomilczawszy mało,

TRENO XIX O EL SUEÑO

Mi tristeza no me permitió hasta muy avanzada la noche
  Cerrar los ojos y calmar mi cuerpo extenuado;
Apenas una hora antes del amanecer
  Un indolente sueño[48] me abrazó con sus brunas alas.
En ese momento se me apareció mi madre[49] en persona,
  Llevaba de su mano a mi risueña Úrsula,
La cual caminaba hacia mí para la oración matinal
  Recién levantada de su lecho.
Tenía una camisola blanca, el cabello rizado,
  El rostro sonrosado y los ojos proclives a la sonrisa.
Observo qué va a suceder después, hasta que mi madre dice:
  «¿Duermes, Juan? ¿O te quema tu pena habitual?»
Ante esto respiré pesadamente y me pareció
  Que me desperté. Y ella, que había estado un momento
    [en silencio,

---

[48] En la mitología griega, Hypnos y Tánatos, su divinidad hermana, eran la personificación del Sueño y de la Muerte respectivamente. Hypnos solía representarse como un joven desnudo con alas en los hombros. Ovidio alude a él en las *Metamorfosis:* «Hay cerca del país de los Cimerios una cueva en un amplio lugar apartado, monte cóncavo, casa y estancia del perezoso Sueño, a donde nunca puede dirigirse con sus rayos Febo ni al nacer ni al mediodía ni en el ocaso; nieblas mezcladas con tinieblas y crepúsculos de luz dudosa salen del suelo» *(Metamorfosis, op. cit.,* pág. 617).

[49] La madre del poeta fue Anna Białaczowska, fallecida en 1557.

Znowu mówić poczęła: «Twój nieutulony
Płacz, synu mój, przywiódł mię w te tu wasze strony
Z krain barzo dalekich, a łzy gorzkie twoje
Przeszły aż i umarłych tajemne pokoje.
Przyniosłam ci na ręku wdzięczną dziewkę twoją,
Abyś ją mógł oglądać jeszcze, a tę swoją
Serdeczną żałość ujął, która tak ujmuje
Sił twoich i tak zdrowie nieznacznie twe psuje,
Jako ogień suchy knot obraca w perzyny,
Darmo nie upuszczając namniejszej godziny.
Czyli nas już umarłe macie za stracone
I którym już na wieki słońce jest zgaszone?
A my, owszem, żywiemy żywot tym ważniejszy,
Czym nad to grube ciało duch jest szlachetniejszy.
Ziemia w ziemię się wraca, a duch, z nieba dany
Miałby zginąć ani na miejsca swe wezwany?
O to się ty nie frasuj, a wierz niewątpliwie,
Że twoja namilejsza Orszuleczka żywie.
A tu więc takim ci się kształtem ukazała,
Jakoby się śmiertelnym oczom poznać dała.
Ale między anioły i duchy wiecznymi
Jako wdzięczna jutrzenka świeci, a za swymi

Empezó a hablar de nuevo: «Tu inconsolable
Llanto, hijo mío, me condujo hasta aquí, en dirección a ti,
Desde tierras muy lejanas, y tus amargas lágrimas
Penetraron hasta las moradas secretas de los muertos.
He traído de la mano a tu risueña niña
Para que puedas contemplarla aún y atenúe
Esta sincera pena tuya que te arrebata
Las fuerzas y daña tu salud imperceptiblemente,
Como un fuego tenue que convierte una mecha en ceniza
Sin perder ni un instante.
A saber: ¿nos dais por perdidos a los muertos
Y por aquellos para quienes el sol permanece apagado
[para siempre?
Nosotros, al contrario, vivimos una vida más valiosa
Cuanto más noble es el espíritu de este vulgar cuerpo.
La tierra vuelve a la tierra[50], pero el espíritu, dado desde el cielo,
¿Tendría que desaparecer sin ser llamado a su lugar?
De esto tú no te preocupes y cree sin dudarlo
Que tu amadísima Úrsula vive.
Pues aquí se te ha mostrado en esta figura,
Como si se diera a conocer a ojos mortales.
Pero entre los ángeles y los espíritus eternos
Ella brilla como el grato lucero del alba[51]

---

50 Gn 3, 19: «Con el sudor de tu rostro comerás el pan hasta que vuelvas a la tierra, pues de ella has sido tomado, ya que polvo eres y al polvo volverás» (Sagrada Biblia, *op. cit.,* pág. 15).

51 Cicerón en *El sueño de Escipión* dice: «Y es que los hombres que han de velar por el globo aquel que se llama tierra, al cual ves en el centro de este recinto, han sido engendrados en esta ley y hales sido dado un espíritu hermano de aquellos fuegos inextinguibles que astros y estrellas llamáis, las cuales, esféricas y redondas, animadas por mentes divinas, ejecutan sus círculos y sus órbitas con admirable celeridad. [...] Una vida tal camino es al cielo y a esta congregación de quienes, habiendo vivido ya y liberados del cuerpo, habitan hoy en ese lugar que ves (era este un círculo que brillaba entre flamas de vivísimo resplandor) al que llamáis, por tradición de los griegos, el Orbe Lácteo» *(El sueño de Escipión,* introducción, versión y notas de

Rodzicami się modli, jako to umiała
  Z wami będąc, choć jeszcze słów nie domawiała.
Jesliżeć też stąd roście żałość, że jej lata
  Pierwej są przyłomione, niżli tego świata
Rozkoszy zażyć mogła: O biedne i płone
  Rozkoszy wasze, które tak są usadzone,
Że w nich więcej frasunków i żałości więcej!
  Czego ty doznać możesz sam z siebie napręcej!
Ucieszyłeś się kiedy z dziewki swej tak wiele,
  Żeby pociecha twoja i ono wesele
Mogło porównać z twoim dzisiejszym kłopotem?
  Nie rzeczesz tego, widzę! Także trzymaj o tem,
Jakoś doznał, ani się frasuj, że tak rana
  Twojej ze wszech namilszej dziewce śmierć zesłana!
Nie od rozkoszyć poszła; poszłać od trudności,
  Od pracej, od frasunków, od łez, od żałośni,
Czego świat ma tak wiele, że by też co było
  W tym doczesnym żywocie człowieczeństwu miło,
Musi smak swój utracić prze wielkość przysady,
  A przynamniej prze bojaźń nieuchronnej zdrady.
Czegóż płaczesz, prze Boga? Czegóż nie zażyła?
  Że sobie swym posagiem pana nie kupiła?
Że przegróżek i cudzych fuków nie słuchała?
  Że boleści w rodzeniu dziatek nie uznała?
Ani umie powiedzieć, czego jej troskliwa
  Matka doszła: co z więtszym utrapieniem bywa:
Czy je rodzić, czy je grześć? — Takieć pospolicie
  Przysmaki wasze, czym wy sobie świat słodzicie!

Y reza por sus padres, así como lo hacía
Cuando estaba con vosotros, aunque no completaba las [palabras[52].
¿Acaso desde aquí se agranda la pena de que sus años
Se quebrasen antes de que pudiera
Saborear los placeres de este mundo? ¡Oh, pobres y estériles
Placeres vuestros, están tan arraigados
Que es zozobra y tristeza lo que más hay en ellos!
¿Hay algo que puedas conocer más de prisa por ti mismo?
¿Tanto te alegrabas entonces por tu niña
Que tu felicidad y regocijo
Podrían compararse con tu actual desdicha?
¡Veo que no respondes a esto! Júzgalo
Así como lo sentiste y no te atormentes
Porque le fuese enviada tan pronto la muerte a tu niña [amadísima por encima de todo.
No se alejó del placer; se alejó de las dificultades,
Del trabajo, de los desasosiegos, de las lágrimas, del dolor,
Algo de lo que hay tanto en el mundo que, incluso aunque [fuera
Agradable para la naturaleza humana en esta vida terrenal,
Debe perder su gusto por la magnitud de la imperfección,
O al menos por el temor al ineluctable desengaño.
Pero, por Dios, ¿por qué lloras? ¿Es porque ella no gozó?
¿Es porque no compró un marido con su dote?
¿Es porque no escuchó las amenazas y los sofiones ajenos?
¿Es porque no conoció los dolores del parto de un niño?
Ni siquiera sabe decir a qué conclusión llegó su afligida
Madre: ¿Qué produce mayor sufrimiento,
Parirlos o enterrarlos? ¡Así son habitualmente
Vuestros manjares, esos con los que os endulzáis el mundo!

René Acuña, México D. F., Centro de Estudios Clásicos, Universidad Nacional Autónoma de México, 1989, págs. 41-42).

[52] La pequeña Úrsula decía incompletas las palabras a causa de su corta edad.

W niebie szczere rozkoszy, a do tego wieczne,
Od wszelakiej przekazy wolne i bezpieczne.
Tu troski nie panują, tu pracej nie znają,
Tu nieszczęście, tu miejsca przygody nie mają,
Tu choroby nie najdzie, tu nie masz starości,
Tu śmierć łzami karmiona nie ma już wolności.
Żyjem wiek nieprzeżyty, wiecznej używamy
Dobrej myśli, przyczyny wszytkich rzeczy znamy.
Słońce nam zawżdy świeci, dzień nigdy nie schodzi
Ani za sobą nocy niewidomej wodzi.
Twórcę wszech rzeczy widziem w Jego majestacie,
Czego wy, w ciele będąc, prózno upatrzacie.
Tu w czas obróć swe myśli, a chowaj się na te
Nieodmienne, synu mój, rozkoszy bogate!
Doznałeś, co świat umie i jego kochanie;
Lepiej na czym ważniejszym zasadź swe staranie!
Dziewka twoja dobry los (możesz wierzyć) wzięła,
A własnie w swoich rzeczach sobie tak poczęta,
Jako gdy kto, na morze nowo się puściwszy,
A tam niebezpieczeństwo wielkie obaczywszy,
Woli nazad do brzegu. Drudzy, co podali
Żagle wiatrom, na ślepe skały powpadali;
Ten mrozem zwyciężony, ten od głodu zginął,
Rzadki, co by do brzegu na desce przypłynął.
Śmierci zniknąć nie mogła, by też dobrze była

En el cielo los placeres son verdaderos y, además, eternos,
Seguros y libres de provocar daños;
Aquí no dominan los desasosiegos, aquí no conocen el [trabajo,
Aquí no hay lugar para la infelicidad ni para las [desventuras,
Aquí no llegan las enfermedades, aquí no tienes vejez,
Aquí la muerte alimentada por las lágrimas ya no tiene [libertad.
Vivimos una edad perpetua, eternamente tenemos
Paz interior, sabemos la razón de todas las cosas.
El sol siempre brilla para nosotros, el día nunca pasa
Ni conduce tras de sí a la noche ciega.
Vemos en Su majestuosidad al Creador de todas las cosas,
Algo que vosotros, siendo carnales, inútilmente anheláis ver.
¡Dirige a tiempo aquí tus pensamientos, hijo mío,
y resérvate para estos exquisitos placeres inmutables!
Has conocido de lo que el mundo es capaz y su forma de [amar;
¡Mejor será que te apliques con esmero a cosas más [importantes!
Tu niña eligió un buen destino (puedes creerlo),
Y, precisamente, así se inicia en sus asuntos,
Como alguien que, habiéndose arrojado por vez primera al [mar,
Y habiendo visto un gran peligro allí,
Prefiere dar la vuelta hacia la orilla. Otros que desplegaron
Las velas a los vientos se estrellaron contra las rocas [invisibles.
Ese vencido por el frío, aquel muerto de hambre,
Raro es el que alcanza la orilla sobre una tabla.
No pudo escapar de la muerte, aunque también habría sido [bueno

Onę dawną Sybillę wiekiem swym przeżyła.
To, co miało być potym, uprzedzić wolała;
Tymże mniej tego świata niewczasów doznała.
Drugie po swych namilszych rodzicach zostają
I ciężkiego siroctwa, nędzne, doznawają.
Wypchną drugą za męża leda jako z domu,
A majętność zostanie, sam to Bóg wie komu.
Biorą drugie i gwałtem, a biorą i swoi,
Ale i w hordach część się wielka ich zostoi,
Gdzie w niewoli pogańskiej i w służbie sromotnej
Łzy swe piją czekając śmierci wszytkokrotnej.
Tego twej wdzięcznej dziewce bać się już nie trzeba,
Która w swych młodych leciech wzięta jest do nieba
Żadnych frasunków tego świata nie doznawszy
Ani grzechem dusze swej drogiej pomazawszy.
Jej tedy rzeczy, synu (nie masz wątpliwości),
Dobrze poszły, ani stąd używaj żałości!
Swoje szkody tak szacuj i omyłki swoje,
Abyś nie przepamiętał, że baczenie twoje
I stateczność jest droższa! W tę bądź przedsię panem,
Jako się kolwiek czujesz w pociechy obranem.

Que con su edad hubiera superado a la antigua Sibila[53].
Lo que tenía que suceder después, prefirió anticiparlo;
Y por eso sufrió menos las calamidades de este mundo,
Otros se quedan sin sus amadísimos padres
Y padecen la miseria de una penosa orfandad.
A alguna la empujan al matrimonio como si la echaran de [casa
Y el predio quedará, solo Dios sabe para quién.
A otras se las llevan por la fuerza y cogen lo que es suyo,
Pero gran parte de ellas permanecerá en las hordas[54],
Donde en pagana esclavitud e ignominiosa servidumbre
Beben sus propias lágrimas esperando la muerte liberadora.
Tu risueña niña ya no tiene que temer por eso,
En su infancia fue llevada al cielo
No habiendo sufrido ninguno de los desasosiegos de este [mundo
Ni habiendo sido maculada su amada alma por el pecado.
Así que las cosas, hijo (no tengas dudas),
Le fueron bien, ¡no te preocupes por eso!
Valora, pues, tus daños y tus errores
Para que no olvides que tu cuidado
Y sensatez son más valiosos. En esto sé tú el amo,
Aunque te sientas privado de alegría.

---

53 Para griegos y romanos, las sibilas eran mujeres profetisas. La Sibila de Cumas o Sibila cumana está considerada la más importante de las diez sibilas. Estas, en sus predicciones, anunciaron la llegada del Salvador y su calvario, hecho que llevó a Miguel Ángel a representarlas en la Capilla Sixtina junto a otras escenas bíblicas. El dios Apolo, que era quien inspiraba sus vaticinios, le concedió cumplir un deseo y ella, cogiendo un puñado de arena del suelo, le pidió vivir tantos años como granos de arena había en su mano. El deseo se cumplió, pero al no haber pedido la eterna juventud, se fue consumiendo lentamente hasta la extenuación durante más de mil años según cuenta la tradición.

54 Los saqueos, los asesinatos de campesinos y los raptos de mujeres por parte de los tártaros era algo frecuente en las tierras orientales de Polonia en el siglo XVI.

Człowiek, urodziwszy się, zasiadł w prawie takim,
Że ma być jako celem przygodom wszelakim.
Z tego trudno się zdzierać! Pocznimy, co chcemy,
Jesli po dobrej woli nie pójdziem, musiemy.
A co wszystkich jednako ciśnie, nie wiem, czemu
Tobie ma być, synu mój, naciężej jednemu?
Śmiertelna jako i ty twoja dziewka była:
Póki jej zamierzony kres był, póty żyła.
Krótko wprawdzie! ale w tym człowiek nic nie włada,
A wyrzec też, co lepiej, niełacno przypada.
Skryte są Pańskie sądy; co się Jemu zdało,
Nalepiej, żeby się też i nam podobało.
Łzy w tej mierze niepłatne; gdy raz dusza ciała
Odbieży, prózno czekać, by się wrócić miała.
Ale człowiek nie zda się praw szczęściu w tej mierze,
Że szkody pospolicie tylko przed się bierze,
A tego baczyć nie chce ani mieć w pamięci,
Co mu też czasem padnie wedle jego chęci.
Tać jest władza Fortuny, mój namilszy synie,
Że nie tak uskarżać się, kiedy nam co zginie,
Jako dziękować trzeba, że wżdam co zostało,
Bo to wszytko nieszczęście w ręku swoich miało.
A tak i ty, folgując prawu powszechnemu,
Zagródź drogę do serca upadkowi swemu
A w to patrzaj, co uszło ręki złej przygody;
Zyskiem człowiek zwać musi, w czym nie popadł szkody.
Na koniec, w co się on koszt i ona utrata,

El hombre, habiendo nacido, está sometido a la ley
De que ha de ser como una diana en todos los lances;
¡De esto es difícil escapar! Hagamos lo que queramos:
Si no vamos de buena voluntad, pues obligados.
Y lo que a todos oprime por igual, no sé por qué
Para ti tiene que ser, hijo mío, más pesado que para otro.
Tú niña era mortal, así como tú lo eres;
Ella vivió hasta que llegó su final previsto.
¡A decir verdad, vivió poco! Pero en esto el hombre nada [gobierna,
Y decir qué es mejor tampoco resulta fácil.
Los juicios del Señor están ocultos[55]; lo que Él ha decidido
Que es lo mejor, también ha de agradarnos a nosotros.
Las lágrimas en relación con esto son estériles; una vez que [el alma
Sale del cuerpo es inútil esperar que regrese.
Pero el hombre, en relación con esto, no será justo frente al [destino
Porque habitualmente solo tiene en cuenta los daños,
Y esto no quiere ni verlo ni tenerlo en la memoria,
Lo cual también a veces escapa a su voluntad.
Tal es el poder de Fortuna[56], mi hijo más querido,
Que no hay que lamentarse tanto cuando perdemos algo
Como sí hay que agradecer que aún algo nos quedó,
Porque la desgracia lo tuvo todo en su mano.
Y así tú también, sometiéndote a la ley universal,
Cierra el camino al corazón a tu desesperación
Y mira a lo que escapó de la mano del infortunio;
El hombre debe llamar beneficio a lo que no causa [perjuicio.
Finalmente, ¿en qué se han transformado el gasto y la pérdida,

---

[55] Dice San Pablo en Rom 11, 33: «¡Oh profundidad de la riqueza, de la sabiduría y de la ciencia de Dios! ¡Cuán insondables son sus juicios e inescrutables sus caminos!» (Sagrada Biblia, *op. cit.*, pág. 1234).

[56] Diosa romana que representa el azar o destino.

W co się praca i twoje obróciły lata,
Któreś ty niemal wszytkie strawił nad księgami,
Mało się bawiąc świata tego zabawami?
Teraz by owoc zbierać swojego szczepienia
I ratować w zachwianiu mdłego przyrodzenia!
Cieszyłeś przedtym insze w takiejże przygodzie:
I będziesz w cudzej czulszy niżli w swojej szkodzie?
Teraz, mistrzu, sam się lecz! Czas doktór każdemu,
Ale kto pospolitym torem gardzi, temu
Tak póznego lekarstwa czekać nie przystoi!
Rozumem ma uprzedzić, co insze czas goi.
A czas co ma za fortel? Dawniejsze świeżymi
Przypadkami wybija, czasem weselszymi,
Czasem też z tejże miary; co człowiek z baczeniem
Pierwej, niż przyjdzie, widzi i takim myśleniem
Przeszłych rzeczy nie wściąga, przyszłych upatruje
I serce na oboję fortunę gotuje.
Tego się, synu, trzymaj, a ludzkie przygody
Ludzkie noś; jeden jest Pan smutku i nagrody».

En qué se han convertido el trabajo y tus años,
Los cuales consumiste casi todos en los libros,
Solazándote poco con las diversiones de este mundo?
¡Ahora has de recoger el fruto de tu injerto
Y salvar del abatimiento la frágil naturaleza humana!
Antes de esto disfrutaste otros en semejante circunstancia:
¿Y serás más sensible al daño ajeno que al propio?
¡Ahora, maestro, cúrate a ti mismo! El tiempo es el mejor
[médico[57],
Pero quien desprecia el camino trillado, a ese
No le vale la pena esperar tan tardía medicina!
Tiene que anticipar con la razón lo que a otros les llega
[con el tiempo.
¿Y qué ardid tiene el tiempo? Los lances nuevos
Desplazan a los antiguos, que unas veces son más alegres,
Otras de la misma índole; el hombre juicioso
Ve algo antes de que suceda y no detiene el pensamiento
En las cosas pasadas, avista las futuras
Y prepara el corazón para ambas fortunas[58].
Recuerda esto, hijo, y afronta humanamente
las vicisitudes humanas[59]; hay un mismo Señor de la
[tristeza y del premio»[60].

[57] San Lucas atribuye a Jesucristo la enunciación de la sentencia latina *Medice, curate ipsum! (¡Médico, cúrate a ti mismo!)* en Lc 4, 23: «Él les dijo: seguro que me diréis este proverbio: Médico, cúrate a ti mismo; todo cuanto hemos oído que has hecho en Cafarnaúm, hazlo aquí en tu patria» (Sagrada Biblia, *op. cit.*, pág. 115).

[58] La buena y la mala fortuna.

[59] Así lo afirma Cicerón en *Tusculanas:* «[...] en las contrariedades pueda sanar con una triple consolación: en primer lugar, el que pensara en lo que puede suceder, un pensamiento que él solo debilita y diluye de manera notable todos los contratiempos; después que entiende que las cosas humanas hay que soportarlas humanamente; finalmente que no existe otro mal que el pecado, y no puede haber pecado, cuando acaece algo, de que no es posible que haya responsabilidad para el hombre» *(Tusculanas, op. cit.*, pág. 163).

[60] Bar 4, 29: «[...] pues el que trajo sobre vosotras el castigo os traerá con la redención la eterna alegría» (Sagrada Biblia, *op. cit.*, pág. 909).

Tu zniknęła, jam się też ocknął — aczciem prawie
Nie pewien, jeślim przez sen słuchał, czy na jawie.

En ese momento ella desapareció[61], yo me desperté; aunque,
[a decir verdad,
Tampoco estoy seguro de si lo escuché durante un sueño
[o estando ya despierto.

[61] Este final es idéntico al de *El sueño de Escipión* de Cicerón, obra que termina con las palabras siguientes: «Retirose él, y yo desperteme *(Ille discessit; ego somno solutus sum) (El sueño de Escipión, op. cit.,* pág. 63).

EPITAFIUM HANNIE KOCHANOWSKIEJ

I tyś, Hanno, za siostrą prędko pospieszyła
   I przed czasem podziemne kraje nawiedziła,
Aby ociec nieszczęsny za raz odżałował
   Wszytkiego, a na trwalsze rozkoszy się chował.

EPITAFIO A ANA KOCHANOWSKA[62]

¡Ana! Partiste rauda de tu hermana a la zaga,
 Descendiste a regiones subterráneas tan pronto
Para que, al fin, tu padre se olvidara de todo
 Y pudiera guardarse para goces eternos.

---

[62] En la segunda edición de los *Trenos* (1580), Jan Kochanowski incluyó este epitafio a Ana Kochanowska, su segunda hija, la cual falleció, probablemente, en 1580, pocas semanas después de nacer y de la muerte de su hermana mayor Úrsula.

ÍNDICE